AF347086

OFFICES

PROPRES

DE LA PAROISSE

DES SS. INNOCENS,

Suivant les nouveaux Breviaire & Missel
de Paris ;

Approuvés par Monseigneur l'Archevêque.

A PARIS,

Chez CLAUDE HERISSANT, rue Neuve Notre-
Dame, à la Croix d'or & aux trois Vertus.

M. DCC. LVI.

AVERTISSEMENT.

I. *ON entend par la Fête de la Chaire de saint Pierre un jour consacré par l'Eglise, à honorer l'Apostolat de ce premier & Prince des Apôtres, c'est-à-dire sa vocation, sa consécration, ses travaux & sa persévérance jusqu'à sa mort dans les fonctions de l'Apostolat. Voilà l'objet du culte qu'on lui rend dans cette Fête.*

II. *Quoique ce saint Apôtre ait fait toutes les fonctions du saint ministere en plusieurs villes & par-tout où il se trouvoit, l'Eglise n'a cependant à cette fin établi que deux Fêtes, l'une sous le titre de la Chaire de saint Pierre à Antioche, & l'autre sous le titre de la Chaire de saint Pierre à Rome; parce que c'est dans ces deux villes que ce saint Apôtre a proprement, c'est-à-dire plus long temps siégé; à Antioche capitale de l'Orient, sept ans, si on s'en rapporte à l'opinion communément reçue; à Rome capitale de l'Occident, vingt-cinq ans, comme semble l'assurer la Tradition.*

III. *Ces deux Fêtes dès le IV. siécle au plûtard ont été célébrées, & se célebrent encore dans la plûpart des Dioséses, non-*

AVERTISSEMENT.

feulement de la France , mais de prefque toute la Chrétienté ; la premiére , celle d'Antioche , le 22. Février ; la feconde , celle de Rome , le 18. Janvier de chaque année.

IV. Tel a même été l'ufage du Diocéfe de Paris jufqu'en 1736. que Monfeigneur De Vintimille , lors Archevêque , a dans le Calendrier du nouveau Breviaire qu'il a donné au Diocéfe , réuni ces deux Fêtes en une feule, qu'il a fixée au 18. Janvier.

V. L'Eglife des faints Innocens à Paris , qui dans fon origine paroît n'avoir été qu'une petite Chapelle confacrée à Dieu , fuivant fes archives , fous l'invocation de Notre-Dame de Lieffe , ou de Notre-Dame des bois , parce que l'endroit où elle eft même actuellement , n'étoit lors rempli que de bois , a été érigée en Paroiffe ; on ne fçait pas précifément dans quelle année. Ce qu'il y a de certain , c'eft qu'en cette qualité de Paroiffe qu'elle avoit déja avant, elle a été confacrée à Dieu fous le titre & l'invocation de la Chaire de faint Pierre à Antioche , par Monfeigneur l'Illuftriffime & Révérendiffime Denys Du Moulin , lors Patriarche d'Antioche, & Evêque de Paris , le 22. Février 1445.

VI. Les anciens Breviaires & Miffels ;

AVERTISSEMENT.

ainſi que les nouveaux, n'ayant pour ledit jour qu'un Office ſemidouble ; il a paru convenable de faire pour les Eccléſiaſtiques & les Fideles de la Paroiſſe des ſaints Innocens, qui célebrent cette Fête ſous le rit annuel, comme Fête de Patron, un Offi e entier & complet propre à cette Fête, & pour tous les jours de ſon Octave ; afin que les Paroiſſiens invoquant leur ſaint Patron, puiſſent avec les Miniſtres louer & glorifier le Seigneur d'un même cœur & d'une même bouche, s'exciter tous à la pratique des vertus dont il leur a donné l'exemple, & s'animer les uns les autres par la pureté de leurs mœurs, & la ferveur de leurs priéres, à honorer par leurs œuvres les vérités que ce ſaint Apôtre a enſeignées, & la Foi ſainte qu'il n'a ceſſé de prêcher, & qu'il a enfin ſcellée de ſon ſang dans la ville de Rome. Ce ſont les vuës que s'eſt propoſées l'Eccléſiaſtique qui a compoſé ce Propre pour l'Egliſe des ſaints Innocens.

VII. Toutes les Antiennes, Répons, Verſets & Capitules, ſont tirés de l'Ecriture ſainte ; les Leçons & Homélies, des Ecrits des ſaints Peres ; les Oraiſons, Hymnes & Proſes de pluſieurs Breviaires ou Miſſels autoriſés & approuvés.

VIII. Cette Fête fixée par le Breviaire de Paris, tombant au 18. Janvier, jour

qui le plus souvent n'est point chomé
& fêté, ladite Fête, suivant l'usage &
la coûtume, se célebre toujours le second
Dimanche après l'Epiphanie en ladite
Eglise des saints Innocens.

L'ORDI-

L'ORDINAIRE DE LA MESSE.

PRIERE AVANT LA MESSE.

PRosterné au pied de votre saint Autel, je vous adore, Dieu tout-puissant : je crois fermement que la Messe à laquelle je vais assister, est le sacrifice du Corps & du Sang de Jesus-Christ votre Fils. Faites que j'y assiste avec l'attention, le respect & la frayeur que demandent de si redoutables Mysteres ; & que par les mérites de la Victime qui s'immole pour moi, immolé moi-même avec elle, je ne vive plus que pour vous, qui vivez & regnez dans tous les siécles des siécles. Amen.

Le Prêtre au pied de l'Autel, fait le signe de la Croix, & dit :

AU nom du Pere, & du Fils, & du Saint-Esprit. Amen. Je m'approcherai de l'autel de Dieu : ℟. Je

IN nomine Patris, & Filii, & Spiritùs sancti. Amen. Introibo ad altare Dei : ℟. Ad Deum qui lætificat juventutem meam.

me préfenterai devant Dieu, qui remplit mon ame d'une joie toujours nouvelle.

PSEAUME 42.

JUdica me, Deus, & difcerne caufam meam de gente non fancta : ab homine iniquo & dolofo erue me.

SOyez mon juge, ô mon Dieu, & prenez ma défenfe contre les impies : délivrez-moi de l'homme injufte & trompeur.

℞. Quia tu es, Deus, fortitudo mea : quare me repulifti ? & quare triftis incedo, dum affligit me inimicus ?

℞. Car vous êtes mon Dieu ; vous êtes ma force : pourquoi vous éloignez-vous de moi ? pourquoi me laiffez-vous dans le deuil & la trifteffe fous l'oppreffion de mes ennemis ?

Emitte lucem tuam & veritatem tuam : ipfa me deduxerunt & adduxerunt in montem fanctum tuum & in tabernacula tua.

Faites briller fur moi votre lumiére & votre vérité : qu'elles me conduifent fur votre montagne fainte, & qu'elles me faffent entrer jufque dans votre fanctuaire.

℞. Et introibo ad altare Dei : ad Deû qui lætificat juventutem meam.

℞. Je m'approcherai de l'autel de Dieu : je me préfenterai devant Dieu, qui remplit mon ame d'une joie toujours nouvelle.

Confitebor tibi in cithara, Deus, Deus meus : quare triftis es, anima mea ? & quare conturbas me?

Je chanterai vos louanges fur la harpe, mon Seigneur & mon Dieu : ô mon ame, pourquoi donc êtes-vous trifte, & pourquoi me troublez-vous ?

℞. Espérez en Dieu ; car je lui rendrai encore mes actions de graces : il est mon Sauveur , il est mon Dieu.

Gloire au Pere , & au Fils , & au Saint-Esprit : ℞. Aujourd'hui & toujours , comme dès le commencement , & dans tous les siécles des siécles. Amen.

Je m'approcherai de l'autel de Dieu : ℞. Je me présenterai devant Dieu , qui remplit mon ame d'une joie toujours nouvelle.

Notre secours est dans le nom du Seigneur , ℞. Qui a fait le ciel & la terre.

℞. Spera in Deo , quoniam adhuc confitebor illi : salutare vultûs mei , & Deus meus.

Gloria Patri , & Filio, & Spiritui sancto : ℞. Sicut erat in principio , & nunc , & semper , & in secula seculorum. Amen.

Introibo ad altare Dei : ℞. Ad Deum qui lætificat juventutem meam.

Adjutorium nostrum in nomine Domini , ℞. Qui fecit cœlum & terram.

Après le Confiteor *du Prêtre , les Assistans répondent :*

QUe Dieu tout-puissant ait pitié de vous; & qu'après vous avoir pardonné vos pechés , il vous conduise à la vie éternelle.

℞. Amen.

MIsereatur tui omnipotens Deus ; & dimissis peccatis tuis , perducat te ad vitam æternam.

℞. Amen.

Les Assistans font la Confession , en disant :

JE confesse à Dieu tout-puissant , à la bienheureuse Marie toujours Vierge , à saint Michel Archange , à saint Jean Baptiste , aux Apôtres saint

COnfiteor Deo omnipotenti , beatæ Mariæ semper Virgini , beato Michaeli Archangelo , beato Joanni

Baptiſtæ, ſanctis Apoſtolis Petro & Paulo, omnibus Sanctis, & tibi, Pater; quia peccavi nimis cogitatione, verbo, & opere : meâ culpâ : meâ culpâ : meâ maximâ culpâ. Ideò precor beatam Mariam ſemper Virginem, beatum Michaelem Archangelum, beatum Joannem Baptiſtam, ſanctos Apoſtolos Petrum & Paulum, omnes Sanctos, & te, Pater, orare pro me ad Dominum Deum noſtrum.

Pierre & ſaint Paul, à tous les Saints, & à vous, mon Pere, que j'ai beaucoup péché par penſées, par paroles, & par actions : c'eſt ma faute : c'eſt ma faute : c'eſt ma très-grande faute. C'eſt pourquoi je ſupplie la bienheureuſe Marie toujours Vierge, ſaint Michel Archange, ſaint Jean-Baptiſte, les Apôtres ſaint Pierre & ſaint Paul, tous les Saints, & vous, mon Pere, de prier pour moi le Seigneur notre Dieu.

Le Prêtre prie pour les Aſſiſtans, & pour lui-même.

MIſereatur veſtrî omnipotens Deus; & dimiſſis peccatis veſtris, perducat vos ad vitam æternam.

℞. Amen.

Indulgentiam, abſolutionem, & remiſſionem peccatorum noſtrorum tribuat nobis omnipotens & miſericors Dominus. ℞. Amen.

QUe Dieu tout-puiſſant ait pitié de vous; & qu'après vous avoir pardonné vos pechés, il vous conduiſe à la vie éternelle.

℞. Amen.

Que le Seigneur tout-puiſſant & miſéricordieux nous accorde le pardon, l'abſolution, & la remiſſion de nos pechés.

℞. Amen.

Mon Dieu, tournez vos regards vers nous, & vous nous donnerez une nouvelle vie : ℟. Et votre peuple se réjouira en vous.

Faites-nous sentir, Seigneur, les effets de votre miséricorde ; ℟. Et accordez-nous le salut qui vient de vous.

Seigneur, daignez écouter ma priére ; ℟. Et que mes cris pénétrent jusqu'à vous.

℣. Le Seigneur soit avec vous, ℟. Et avec votre esprit.

Deus, tu conversus vivificabis nos ; ℟. Et plebs tua lætabitur in te.

Ostende nobis, Domine, misericordiam tuam ; ℟. Et salutare tuum da nobis.

Domine, exaudi orationem meam ; ℟. Et clamor meus ad te veniat.

℣. Dominus vobiscum, ℟. Et cum spiritu tuo.

Lorsque le Prêtre monte à l'Autel.

NOus vous supplions, Seigneur, d'effacer & de détruire nos iniquités ; afin que nous nous approchions du Saint des Saints avec une entiére pureté de cœur & d'esprit; Par notre Seigneur Jesus-Christ. Amen.

AUfer à nobis, quæsumus, Domine, iniquitates nostras ; ut ad Sancta Sanctorum puris mereamur mentibus introire ; Per Christum Dominum nostrum. Amen.

Lorsqu'il baise l'Autel.

NOus vous prions, Seigneur, par les mérites des Saints dont les Reliques sont dans ce saint Temple, & de tous les Saints, de daigner me pardonner mes pechés.
Amen.

ORamus te, Domine, per merita Sanctorum tuorum quorum reliquiæ hîc sunt, & omnium Sanctorum, ut indulgere digneris omnia peccata mea. Amen.

Après l'Introït, le Prêtre & les Assistans disent trois fois alternativement :

Kyrie, eleison.
Christe, eleison.
Kyrie, eleison.

Seigñr, ayez pitié de nous.
Jesus, ayez pitié de nous.
Seigñr, ayez pitié de nous.

Gloria in excelsis Deo : Et in terra pax hominibus bonæ voluntatis. Laudamus te. Benedicimus te. Adoramus te. Glorificamus te. Gratias agimus tibi propter magnã gloriam tuam : Domine Deus, Rex cœlestis, Deus Pater omnipotens ; Domine, Fili unigenite, Jesu Christe ; Domine Deus, Agnus Dei, Filius Patris. Qui tollis peccata mundi, miserere nobis. Qui tollis peccata mundi, suscipe deprecationem nostram. Qui sedes ad dexteram Patris, miserere nobis. Quoniam tu solus Sanctus ; Tu solus Dominus ; Tu solus Altissimus, Jesu Christe, cum sancto Spiritu, in gloria Dei Patris. Amen.

Gloire à Dieu dans le ciel : & paix sur la terre aux hommes de bonne volonté. Nous vous louons. Nous vous bénissons. Nous vous adorons. Nous vous glorifions. Nous vous rendons graces dans la vuë de votre gloire infinie : Seigneur Dieu, souverain Roi du Ciel, ô Dieu Pere tout-puissant ; Seigneur Jesus-Christ, Fils unique de Dieu ; Seigneur Dieu, Agneau de Dieu, Fils du Pere. Vous qui effacez les pechés du monde, ayez pitié de nous. Vous qui effacez les pechés du monde, recevez notre humble priére. Vous qui êtes assis à la droite du Pere, ayez pitié de nous. Car vous êtes le seul Saint, le seul Seigneur, le seul Très-haut, ô Jesus-Christ, avec le Saint-Esprit, dans la gloire de Dieu le Pere. Amen.

℣. Le Seigneur soit avec vous, ℟. Et avec votre esprit.

℣. Dominus vobiscum, ℟. Et cum spiritu tuo.

Le Prêtre récite la Collecte.

Avant l'Evangile, il dit au milieu de l'Autel :

PUrifiez mon cœur & mes lévres, Dieu tout-puissant, qui avez purifié les lévres du Prophete Isaïe avec un charbon ardent : daignez, par un effet de votre miséricorde envers moi, me purifier de telle sorte, que je puisse annoncer dignement votre saint Evangile ; Par Jesus-Christ notre Seigneur.

MUnda cor meũ ac labia mea, omnipotens Deus, qui labia Isaïæ prophetæ calculo mundasti ignito : ita me tuâ gratâ miseratione dignare mundare, ut sanctum Evangelium tuum dignè valeam nuntiare ; Per Christum.

[*Le Diacre demande la Bénédiction au Prêtre, en disant :*

Mon Pere, donnez-moi votre bénédiction.]

Jube, domne, benedicere.]

Que le Seigneur soit dans mon cœur & sur mes lévres ; afin que j'annonce dignement son saint Evangile.

Amen.

Dominus sit in corde meo & in labiis meis ; ut dignè & competenter annuntiem Evangelium suum. Amen.

Après l'Evangile, le Prêtre dit :

Que nos pechés soient effacés par les paroles du saint Evangile.

Per Evangelica dicta deleantur nostra delicta.

JE crois en un seul Dieu, le Pere tout-puissant, qui a fait le ciel & la terre, toutes les choses visibles & invisibles. Je crois en un seul Seigneur Jesus-

CRedo in unum Deum, Patrem omnipotentem, factorem cœli & terræ, visibilium omnium & invisibilium.

Et in unum Dominum Jesum Christum, Filium Dei unigenitum, Et ex Patre natum ante omnia secula; Deum de Deo, lumen de lumine, Deum verum de Deo vero; Genitum, non factum, consubstantialem Patri; per quem omnia facta sunt. Qui propter nos homines, & propter nostram, descendit de cœlis. Et incarnatus est de Spiritu sancto, ex Maria Virgine; & HOMO FACTUS EST. Crucifixus etiam pro nobis, sub Pontio Pilato passus & sepultus est. Et resurrexit tertiâ die, secundùm Scripturas. Et ascendit in cœlum; sedet ad dexteram Patris. Et iterùm venturus est cum gloria judicare vivos & mortuos; cujus regni non erit finis. Et in Spiritum sanctum, Dominum, & vivificantem; qui ex

Christ, Fils unique de Dieu; Qui est né du Pere avant tous les siécles; Dieu de Dieu, lumiére de lumiére, vrai Dieu de vrai Dieu; Qui n'a pas été fait, mais engendré, consubstantiel au Pere; par qui tout a été fait. Qui est descendu des cieux pour nous autres hommes, & pour notre salut. Qui s'est incarné en prenant un corps dans le sein de la Vierge Marie par l'opération du Saint-Esprit, & QUI S'EST FAIT HOMME. Qui a été crucifié pour nous; qui a souffert sous Ponce-Pilate, & qui a été mis dans le tombeau. Qui est ressuscité le troisiéme jour selon les Ecritures. Qui est monté au ciel, où il est assis à la droite du Pere. Qui viendra de nouveau plein de gloire juger les vivans & les morts; & dont le régne n'aura point de fin. Je crois au Saint-Esprit, qui est aussi Seigneur, & qui donne la vie; qui procede du Pere & du Fils. Qui est adoré & glorifié conjointement avec le Pere & le Fils; qui a parlé par les

Prophetes. Je crois l'Eglise qui est une, sainte, catholique, & Apostolique. Je confesse qu'il y a un Baptême pour la remission des pechés. J'attends la résurrection des morts, & la vie du siécle à venir. Amen.

Patre Filioque procedit. Qui cum Patre & Filio simul adoratur, & conglorificatur; qui locutus est per Prophetas. Et unam, sanctam, catholicam & Apostolicam Ecclesiam. Confiteor unum Baptisma in

in remissionem peccatorum. Et expecto resurrectionem mortuorum, & vitam venturi seculi. Amen.

℣. Dominus vobiscum, &c.

Le Prêtre lit l'Offertoire.

OBLATION DE L'HOSTIE.

REcevez, ô Pere saint, Dieu éternel & tout-puissant, cette hostie sans tache que je vous offre, tout indigne que je suis de ce ministere. Je vous l'offre, Seigneur, comme à mon Dieu vivant & véritable, pour mes pechés, mes offenses, & mes négligences qui sont sans nombre : je vous l'offre aussi pour tous les assistans, & même pour tous les fidéles Chrétiens vivans & morts ; afin qu'elle serve à eux & à moi pour le salut éternel. Amen.

SUscipe, sancte Pater, omnipotens, æterne Deus, hanc immaculatam hostiam, quam ego indignus famulus tuus offero tibi Deo meo vivo & vero, pro innumerabilibus peccatis & offensionibus & negligentiis meis ; & pro omnibus circumstantibus, sed & pro omnibus fidelibus Christianis vivis atque defunctis ; ut mihi & illis proficiat ad salutem in vitam æternam. Amen.

A v

Le Prêtre met le vin & l'eau dans le Calice,
& dit :

DEus, qui humanæ substantiæ dignitatem mirabiliter condidisti, & mirabiliùs reformasti : da nobis per hujus aquæ & vini mysterium, ejus divinitatis esse consortes, qui humanitatis nostræ fieri dignatus est particeps, Jesus Christus Filius tuus Dominus noster ; Qui tecum vivit & regnat in unitate Spiritûs sancti Deus.

O Dieu, qui par un effet admirable de votre puissance, avez créé l'homme dans un haut degré d'excellence ; & qui par un prodige de bonté encore plus surprenant, avez daigné réparer cet ouvrage de vos mains après sa chute : donnez-nous par le mystere que ce mélange d'eau & de vin nous représente, la grace de participer à la divinité de J. C. votre Fils notre Seigneur, qui a bien voulu se revêtir de notre humanité ; Lui.

OBLATION DU CALICE.

OFferimus tibi, Domine, Calicem salutaris, tuam deprecantes clementiam, ut in conspectu divinæ Majestatis tuæ, pro nostra & totius mundi salute, cum odore suavitatis ascendat. Amen.

NOus vous offrons, Seigneur, le Calice du salut, en conjurant votre bonté de le faire monter comme un parfum d'une agréable odeur, jusqu'au thrône de votre divine Majesté, pour notre salut & celui de tout le monde. Amen.

IN spiritu humilitatis, & in animo contrito suscipiamur à te, Domine ; &

NOus nous présentons devant vous, Seigneur, avec un esprit humilié & un cœur contrit ;

recevez-nous, & faites que notre sacrifice s'accomplisse aujourd'hui devant vous, d'une maniére qui vous le rende agréable, ô Seigneur notre Dieu.

VEnez, Sanctificateur tout-puissant, Dieu éternel ; & bénissez ce sacrifice destiné pour rendre gloire à votre saint nom.

sic fiat sacrificium nostrum in conspectu tuo hodie, ut placeat tibi, Domine Deus.

VEni, Sanctificator omnipotens, æterne Deus ; & benedic hoc sacrificium tuo sancto nomini præparatũ.

BÉNÉDICTION DE L'ENCENS.

Le Célébrant benit l'Encens, en disant :

QUe par l'intercession du bienheureux Archange qui est debout à la droite de l'autel des parfums, & par la priére de tous ses élus, le Seigneur daigne bénir cet encens, & le recevoir comme un parfum d'une odeur agréable ; Par Jesus-Christ notre Seigneur.

℞. Amen.

PEr intercessionem beati Archangeli stantis à dextris altaris incensi, & omnium electorum suorum, dignetur Dominus incensum istud benedicere, & in odorem suavitatis accipere ; Per Christum Dominum nostrum.

℞. Amen.

Il encense le pain & le vin qui ont été offerts, & il dit :

Que cet encens que vous avez beni, monte vers vous, Seigneur ; & que votre miséricorde descende sur nous.

Incensum istud à te benedictum, ascendat ad te, Domine ; & descendat super nos misericordia tua.

A vij

Il encenſe l'Autel, en diſant du Pſ. 140.

Dirigatur, Domine, oratio mea, ſicut incenſum, in conſpeƈtu tuo : elevatio manuum mearum ſacrificium veſpertinum. Pone, Domine, cuſtodiam ori meo, & oſtium circumſtantiæ labiis meis. Non declines cor meum in verba malitiæ, ad excuſandas excuſationes in peccatis.

Que ma priére, Seigneur, s'éléve vers vous comme la fumée de l'encens : que l'élévation de mes mains vous ſoit agréable comme le ſacrifice du ſoir. Mettez, Seigneur, une garde à ma bouche, & une porte à mes lévres. Ne permettez pas que mon cœur ſe laiſſe aller à des paroles de malice, pour chercher des excuſes à mes pechés.

Puis rendant l'encenſoir au Diacre, il dit :

Accendat in nobis Dominus ignem ſui amoris, & flammam æternæ caritatis. Amen.

Que le Seigneur allume en nous le ſeu de ſon amour, & qu'il nous enflamme d'une charité éternelle. Amen.

Le Prêtre lave ſes doigts, en diſant du Pſ. 25.

LAvabo inter innocentes manus meas, & circumdabo altare tuum, Domine ; ut audiam vocem laudis, & enarrem univerſa mirabilia tua. Domine, dilexi decorem domûs tuæ, & locum habitationis

JE laverai mes mains avec les juſtes, & je m'approcherai de votre autel, Seigneur ; afin d'entendre publier vos louanges, & de raconter moi-même toutes vos merveilles. J'aime la beauté de votre maiſon, Seigneur, & le lieu où réſide votre gloire. O Dieu, ne me comfondez pas avec les impies, & ne me traitez pas comme les homicides. Leurs mains font accoûtumées à l'injuftice, & ils fe laiffent féduire par les préfens. Pour moi, j'ai marché dans l'innocence : rachetez-moi donc, Seigneur, & prenez pitié de moi. Mes pieds fe font arrêtés dans la voie de la juftice : je vous bénirai, Seigneur, dans les affemblées des fidéles. Gloire au Pere, & au Fils, & au Saint-Efprit : à préfent & toujours, comme dès le commencement, & dans tous les fiécles. Amen.

gloriæ tuæ. Ne perdas cum impiis, Deus, animam meam, & cum viris fanguinum vitam meam. In quorum manibus iniquitates funt : dextera eorum repleta eft muneribus. Ego autem in innocentia mea ingreffus fum : redime me, & miferere mei. Pes meus ftetit in directo : in ecclefiis benedicam te, Domine. Gloria Patri, & Filio, & Spiritui fancto : ficut erat in principio, & nunc, & femper, & in fecula feculorum. Amen.

Le Prêtre s'incline au milieu de l'Autel, & dit :

REcevez, ô Trinité fainte, l'oblation que nous vous préfentons en mémoire de la Paffion, de la Réfurrection, & de l'Afcenfion de Jefus-Chrift notre Seigneur ; & en l'honneur de la bienheureufe Marie toujours Vierge, de faint Jean-Baptifte, des Apôtres faint Pierre & faint Paul, des Saints dont les Reli-

SUfcipe, fancta Trinitas, hanc oblationem quam tibi offerimus ob memoriam Paffionis, Refurrectionis, & Afcenfionis Jefu Chrifti Domini noftri ; & in honorem beatæ Mariæ femper Virginis, & beati Joannis Baptiftæ, & fanctorum Apostolorum Petri & Pauli, & iltorum, & omnium Sanctorum ; ut illis proficiat ad honorem, nobis autem ad salutem ; & illi pro nobis intercedere dignentur in cœlis, quorum memoriam agimus in terris ; Per eumdem Chriftum Dominum noftrum.

ques font ici, & de tous les autres Saints ; afin qu'ils y trouvent leur gloire, & nous notre falut ; & que ceux dont nous honorons la mémoire fur la terre, daignent intercéder pour nous dans le Ciel ; Par le même Jefus-Chrift notre Seigneur. Amen.

Puis il fe tourne vers les Affiftans, & dit :

ORate, fratres, ut meum ac veftrum facrificium acceptabile fiat apud Deum Patrem omnipotentem.

℟. Sufcipiat Dominus facrificium de manibus tuis, ad laudem & gloriam nominis fui, ad utifitatem quoque noftram, totiufque Ecclefiæ fuæ fanctæ.

PRiez, mes freres, que mon facrifice, qui eft auffi le vôtre, foit favorablement reçu de Dieu le Pere tout-puiffant.

℟. Que le Seigneur reçoive par vos mains ce facrifice, pour l'honneur & la gloire de fon nom, pour notre utilité particuliére, & pour le bien de toute fon Eglife fainte.

Le Prêtre répond Amen. *& récite la Secrete.*

PEr omnia fecula feculorum.
℟. Amen.
Dominus vobifcum,
℟. Et cum fpiritu tuo.

DAns tous les fiécles des fiécles.
℟. Amen.
Le Seigneur foit avec vous,
℟. Et avec votre efprit.

Elevez vos cœurs.

℞. Nous les tenons élevés vers le Seigneur.

Rendons graces au Seigneur notre Dieu.

℞. Il est juste & raisonnable de le faire.

Surſum corda.

℞. Habemus ad Dominum.

Gratias agamus Domino Deo noſtro.

℞. Dignum & juſtum eſt.

PREFACE.

IL eſt véritablement juſte & raiſonnable, il eſt équitable & ſalutaire de vous rendre graces en tout temps & en tout lieu, Seigneur très-ſaint, Pere tout-puiſſant, Dieu éternel; De ce que par le myſtere de l'Incarnation du Verbe, un nouvel éclat de votre gloire a paru aux yeux de notre ame; afin qu'en le reconnoiſſant pour notre Dieu, quoique revêtu d'une forme viſible, nous ſoyons attirés par lui à l'amour des biens inviſibles. C'eſt pourquoi nous nous uniſſons aux Anges & aux Archanges, aux Thrônes, aux Dominations, & à toute l'armée céleſte, pour chanter un cantique à votre gloire, en diſant ſans ceſſe:

Saint, Saint, Saint eſt le Seigneur le Dieu des

VErè dignum & juſtum eſt, æquum & ſalutare, nos tibi ſemper & ubique gratias agere, Domine ſanĉte, Pater omnipotens, æterne Deus; Quia per incarnati Verbi myſterium, nova mentis noſtræ oculis lux tuæ claritatis infulſit; ut dum viſibiliter Deum cognoſcimus, per hunc in inviſibilium amorem rapiamur. Et ideò cum Angelis & Archangelis, cum Thronis & Dominationibus, cumque omni militia cœleſtis exercitûs, hymnum gloriæ tuæ canimus, ſine fine dicentes:

Sanĉtus, Sanĉtus, Sanĉtus Dominus

Deus fabaoth. Pleni funt cœli & terra gloriâ tuâ. Hofanna in excelfis. Benedictus qui venit in nomine Domini. Hofanna in excelfis.

armées. Votre gloire remplit les cieux & la terre. Hofanna au plus haut des cieux. Béni foit celui qui vient au nom du Seigneur. Hofanna à celui qui habite au plus haut des cieux.

LE CANON DE LA MESSE.

TE igitur, clementiffime Pater, per Jefum Chriftum Filium tuum Dominum noftrum, fupplices rogamus ac petimus utì accepta habeas, & benedicas hæc dona, hæc munera, hæc fancta facrificia illibata, in primis quæ tibi offerimus pro Ecclefia tua fancta catholica, quam pacificare, cuftodire, adunare, & regere digneris toto orbe terrarum ; unà cum famulo tuo Papa noftro N. & Antiftite noftro N. & Rege noftro N. & omnibus orthodoxis, atque catholicæ & Apoftolicæ fidei cultoribus.

NOus vous fupplions donc, Pere très-miféricordieux, & nous vous conjurons par notre Seigneur Jefus-Chrift votre Fils, d'agréer & de benir ces dons, ces offrandes, ces facrifices purs & fans tache, que nous vous offrons pour votre fainte Eglife catholique ; afin qu'il vous plaife de lui donner la paix, de la conferver, de la maintenir dans l'union, & de la gouverner par toute la terre, & avec elle votre ferviteur N. notre Pape, notre Evéque N. & notre Roi N. enfin tous ceux qui font orthodoxes, & qui font profeffion de la foi catholique & Apoftolique.

MÉMOIRE DES VIVANS.

SOuvenez-vous , Seigneur, de vos serviteurs & de vos servantes N. & N. . . . . . & de tous ceux qui sont ici présents, dont vous connoissez la foi & la piété, pour qui nous vous offrons ce sacrifice de louange , ou qui vous l'offrent tant pour eux mêmes , que pour ceux qui leur appartiennent , pour la rédemption de leurs ames : pour l'espérance de leur salut & de leur conservation , & pour vous rendre leurs hommages comme au Dieu éternel , vivant & véritable.

ETant unis de communion avec tous vos Saints , nous honorons la mémoire , premiérement de la glorieuse Vierge Marie , mere de Dieu Jesus-Christ notre Seigneur , & de vos bienheureux Apôtres & Martyrs, Pierre , Paul , André, Jacque , Jean , Thomas, Jacque , Philippe , Barthélemi , Matthieu , Simon & Thaddée , Lin .

MEmento, Domine, famulorumque tuarum N. & N. . . . . . & omnium circumstantium, quorum tibi fides cognita est , & nota devotio ; pro quibus tibi offerimus , vel qui tibi offerunt hoc sacrificium laudis pro se suisque omnibus, pro redemptione animarum suarum, pro spe salutis & incolumitatis suæ , tibique reddunt vota sua æterno Deo , vivo & vero.

COmmunicantes, & memoriam venerantes , in primis gloriosæ semper Virginis Mariæ , genitricis Dei & Domini nostri Jesu Christi ; sed & beatorum Apostolorum ac Martyrum tuorum Petri & Pauli , Andreæ , Jacobi , Joannis Thomæ Jacobi , Philippi ,

Bartholomæi, Matthæi, Simonis & Thaddæi, Lini, Cleti, Clementis, Xysti, Cornelii, Cypriani, Laurentii, Chrysogoni, Joannis & Pauli, Cosmæ & Damiani, & omnium Sanctorum tuorum ; quorum meritis precibusque concedas, ut in omnibus protectionis tuæ muniamur auxilio ; Per eumdem.

HAnc igitur oblationem servitutis nostræ, sed & cunctæ familiæ tuæ, quæ umus, Domine, ut placatus accipias, diesque nostros in tua pace disponas, atque ab æterna damnatione nos eripi, & in electorum tuorum jubeas grege numerari ; Per Christum Dominum nostrum. Amen.

QUam oblationem tu, Deus, in omnibus, quæsumus, benedictam, adscriptam, ratam,

Clet, Clement, Xyste, Corneille, Cyprien, Laurent, Chrysogone, Jean & Paul, Cosme & Damien, & de tous vos Saints ; par les mérites & les priéres desquels nous vous supplions de nous accorder en toutes choses le secours de votre protection : C'est ce que nous vous demandons par le même Jesus-Christ notre Seigneur. Amen.

NOus vous prions donc, Seigneur, de recevoir favorablement l'hommage que nous vous rendons par cette oblation, qui est aussi celle de toute votre Eglise : accordez-nous pendant les jours de cette vie mortelle la paix qui vient de vous : préservez-nous de la damnation éternelle, & mettez-nous au nombre de vos élus ; Par Jesus-Christ notre Seigneur. Amen.

NOus vous prions, ô Dieu, de benir cet oblation, de la mettre au nombre de celles que vous approuvez, de l'agréer, d'en faire un sacrifice digne d'être reçu de vous, & par lequel nous vous rendions un culte raisonnable & spirituel ; ensorte qu'elle devienne pour nous le Corps & le Sang de votre Fils bien-aimé Jesus-Christ notre Seigneur, qui, la veille de sa Passion, prit du pain dans ses mains saintes & vénérables ; & levant les yeux au ciel vers vous, ô Dieu son Pere tout-puissant, vous rendit graces, & bénit ce pain ; le rompit & le donna à ses disciples, en disant : Prenez, & mangez-en tous : Car ceci est mon Corps.

rationabilem, acceptabilemque facere digneris ; ut nobis Corpus & Sanguis fiat dilectissimi Filii tui Domini nostri Jesu Christi, qui pridie quàm pateretur, accepit panem in sanctas ac venerabiles manus suas ; & elevatis oculis in cœlum ad te, Deum Patrem suum omnipotentem, tibi gratias agens, benedixit, fregit, deditque discipulis suis, dicens : Accipite, & manducate ex hoc omnes : Hoc est enim Corpus meum.

DE même, après qu'il eut soupé, prenant ce précieux calice entre ses mains saintes & vénérables ;

SImili modo, postquàm cœnatum est, accipiens & hunc præclarum ca-

---

O Victime du salut, qui nous ouvrez le Ciel, l'ennemi nous livre de rudes combats ; fortifiez-nous contre ses attaques.

O *Salutaris Hostia,*
Quæ cœli pandis ostium ;
Bella premunt hostilia,
Da robur, fer auxilium.

licem in sanctas ac venerabiles manus suas ; item tibi gratias agens , benedixit , deditque discipulis suis , dicens : Accipite , & bibite ex eo omnes : Hic est enim calix Sanguinis mei , novi & æterni testamenti , (mysterium fidei ,) qui pro vobis & pro multis effundetur in remissionem peccatorum. Hæc quotiescumque feceritis , in meî memoriam facietis.

il vous rendit graces , le bénit & le donna à ses disciples , en disant : Prenez , & bûvez-en tous : Car ceci est le calice de mon Sang , le sang de la nouvelle & éternelle alliance , (mystere de foi,) qui sera répandu pour vous & pour plusieurs en remission des pechés. Toutes les fois que vous ferez ces choses , vous les ferez en mémoire de moi.

Unde & memores , Domine , nos servi tui , sed & plebs tua sancta , ejusdem Christi Filii tui Domini nostri tam beatæ Passionis , necnon & ab inferis Resurrectionis , sed & in cœlos gloriosæ Ascensionis , offerimus præclaræ Majestati tuæ de tuis donis ac datis Hostiam puram, Hostiam sanctam , Hostiam immaculatam, Panem sanctum vitæ æternæ, & Ca-

C'est pour cela , Seigneur, que nous qui sommes vos serviteurs , & avec nous votre peuple saint , faisant mémoire de la Passion de votre Fils Jesus-Christ notre Seigneur , de sa Résurrection en sortant du tombeau, victorieux de l'enfer , & de sa glorieuse Ascension au ciel , nous offrons à votre incomparable Majesté ce qui est le don même que nous avons reçu de vous, l'Hostie pure, l'Hostie sainte , l'Hostie sans tache, le Pain sacré de la vie qui n'aura point de fin , & le Calice du salut éternel.

Daignez , Seigneur , regarder d'un œil favorable l'oblation que nous vous faisons de ce saint Sacrifice , de cette Hostie sans tache : daignez l'agréer, comme il vous a plu agréer les présens du juste Abel votre serviteur, le sacrifice de notre Patriarche Abraham , & celui de Melchisedech votre Grand-Prêtre.

Nous vous supplions , ô Dieu tout-puissant , de commander que ces dons soient portés par les mains de votre saint Ange sur votre autel sublime , en présence de votre divine Majesté ; afin que tout ce que nous sommes ici , qui participants à cet autel , aurons reçu le Corps & le Sang de votre Fils, nous soyons remplis de toutes les bénédictions & de toutes les graces du ciel; Par le même Jesus-Christ notre Seigneur.

℟. Amen.

licem salutis perpetuæ.

Supra que propitio ac sereno vultu respicere digneris , & accepta habere , sicuti accepta habere dignatus es munera pueri tui justi Abel , & sacrificium Patriarchæ nostri Abrahæ , & quod tibi obtulit summus Sacerdos tuus Melchisedech , sanctum Sacrificium , immaculatam Hostiam.

Supplices te rogamus , omnipotens Deus, jube hæc perferri per manus sancti Angeli tui in sublime altare tuum, in conspectu divinæ Majestatis tuæ ; ut quotquot ex hac altaris participatione, sacro-sanctum Filii tui Corpus & Sanguinem sumpserimus, omni benedictione cœlesti & gratiâ repleamur : Per eumdem Christum Dominum nostrum. ℟. Amen.

Mémoire des Morts.

MEmento etiam, Domine, famulorumque tuarum, qui nos præcesserunt cum signo fidei, & dormiunt in somno pacis.

SOuvenez-vous aussi, Seigneur, de vos serviteurs & de vos servantes, qui marqués au sceau de la foi, ont fini leur vie mortelle avant nous, pour s'endormir du sommeil de paix.

Ici on fait mémoire de ceux pour qui on veut prier.

Ipsis, Domine, & omnibus in Christo quiescentibus, locum refrigerii, lucis & pacis, ut indulgeas deprecamur; Per eumdem Christum, &c. Amen.

Nous vous supplions, Seigneur, de leur accorder par votre miséricorde, à eux & à tous ceux qui reposent en Jesus-Christ, le lieu du rafraîchissement de la lumiére & de la paix; Par le même J. C.

NObis quoque peccatoribus, famulis tuis, de multitudine miserationum tuarū sperantibus, partem aliquam & societatem donare digneris, cum tuis sanctis Apostolis & Martyribus; cum Joanne, Stephano, Matthia, Barnaba, Ignatio, Alexandro, Marcellino, Petro, Felicitate, Perpetua, Agatha, Lucia, Agnete, Cæcilia,

POur nous pécheurs, qui sommes vos serviteurs, & qui esperons en votre grande miséricorde, daignez nous donner part au céleste heritage avec vos saints Apôtres & Martyrs; avec Jean, Estienne, Matthias, Barnabé, Ignace, Alexandre, Marcellin, Pierre, Félicité, Perpétue, Agathe, Luce, Agnès, Cécile, Anastasie, & avec tous vos Saints: daignez nous admettre en leur sainte société, non en consultant nos mérites, mais en usant d'indulgence à notre égard ; Par Jesus-Christ notre Seigneur , par lequel vous produisez toujours, Seigneur , vous sanctifiez, vous vivifiez , vous benissez, & vous nous donnez tous ces biens. Que par lui , avec lui , & en lui, tout honneur & toute gloire vous soient rendus, ô Dieu Pere tout-puissant, en l'unité du Saint-Esprit , Dans tous les siécles des siécles. ℟. Amen.

Anastasia , & omnibus Sanctis tuis : intra quorum nos confortium , non æstimator meriti , sed veniæ , quæsumus , largitor admitte ; Per Christum Dominum nostrum , per quem hæc omnia , Domine , semper bona creas , sanctificas , vivificas , benedicis & præstas nobis ; Per ipsum , & cum ipso , & in ipso est tibi Deo Patri omnipotenti , in unitate Spiritûs sancti omnis honor & gloria ; Per omnia secula seculorum. ℟. Amen.

Prions.

AVertis par le commandement salutaire de Jesus-Christ,& conformément à l'instruction sainte qu'il nous a laissée , nous osons dire :

NOtre Pere , qui êtes dans les cieux ; Que votre nom soit sanctifié : Que votre régne arrive : Que votre volonté soit faite sur la terre comme dans le ciel : Donnez-nous aujourd'hui notre pain de chaque jour ; Et

Oremus.

PRæceptis salutaribus moniti , & divinâ institutione formati , audemus dicere :

PAter noster, qui es in cœlis; Sanctificetur nomen tuum : Adveniat regnum tuum : Fiat voluntas tua , sicut in cœlo & in terra : Panem nostrum quotidianum da nobis hodie: Et dimitte nobis debita nostra, sicut & nos dimittimus debitoribus nostris: Et ne nos inducas in tentationem;

℟. Sed libera nos à malo. Amen.

LIbera nos, quæsumus, Domine, ab omnibus malis præteritis, præsentibus & futuris: & intercedente beatâ & gloriosâ semper Virgine Dei genitrice Mariâ, cum beatis Apostolis tuis Petro & Paulo, atque Andreâ & omnibus Sanctis, da propitius pacem in diebus nostris; ut ope misericordiæ tuæ adjuti, & à peccato simus semper liberi, & ab omni perturbatione securi; Per eumdem Dominum nostrum Jesum Christum Filium tuum, qui tecum vivit & regnat in unitate Spiritûs sancti Deus, per omnia secula seculorum. ℟. Amen.

pardonnez-nous nos offenses, comme nous pardonnons à ceux qui nous ont offensés: Et ne nous abandonnez pas à la tentation;

℟. Mais délivrez-nous du mal. Amen.

DElivrez-nous, s'il vous plaît, Seigneur, de tous les maux passés, présents & à venir: & par l'intercession de la bienheureuse Marie mere de Dieu, toujours Vierge, & de vos bienheureux Apôtres Pierre, Paul, André, & de tous vos Saints, daignez nous faire jouir de la paix pendant le cours de notre vie mortelle; afin qu'étant assistés du secours de votre miséricorde, nous ne soyons jamais assujettis au peché, ni agités par aucun trouble: Nous vous en prions par le même Jesus Christ votre Fils notre Seigneur, qui étant Dieu vit & regne avec vous en l'unité du Saint-Esprit, dans tous les siécles des siécles.

℟. Amen.

Que

Que la paix du Seigneur soit toujours avec vous, ℟. Et avec votre esprit.

Que ce mélange & cette consécration du Corps & du Sang de notre Seigneur Jesus - Christ que nous allons recevoir, nous procure la vie éternelle.

Amen.

AGneau de Dieu, qui effacez les pechés du monde, ayez pitié de nous.

Agneau de Dieu, qui effacez les pechés du monde, ayez pitié de nous.

Agneau de Dieu, qui effacez les pechés du monde, donnez-nous la paix.

Pax Domini sit semper vobiscum, ℟. Et cum spiritu tuo.

Hæc commixtio & consecratio Corporis & Sanguinis Domini nostri Jesu Christi, fiat accipientibus nobis in vitam æternam.

Amen.

AGnus Dei, qui tollis peccata mundi, miserere nobis.

Agnus Dei, qui tollis peccata mundi, miserere nobis.

Agnus Dei, qui tollis peccata mundi, dona nobis pacem.

§ *Aux Messes des Morts, au lieu de* miserere nobis. *on dit*, dona eis requiem. *au lieu de* dona nobis pacem. *on dit* dona eis requiem sempiternam. *& on omet l'Oraison suivante.*

SEigneur Jesus-Christ, qui avez dit à vos Apôtres : Je vous laisse la paix, je vous donne ma paix ; n'ayez pas d'égard à mes pechés, mais à la foi de votre Eglise : & donnez-lui la paix & l'union dont vous voulez qu'elle jouisse ; Vous qui étant

DOmine Jesu Christe, qui dixisti Apostolis tuis : Pacem relinquo vobis, pacem meam do vobis ; ne respicias peccata mea, sed fidem Ecclesiæ tuæ : eamque secundùm voluntatem

B.

tuam pacificare & coadunare digneris; Qui vivis & regnas in secula seculorum. Amen.

DOmine, Jesu Christe, Fili Dei vivi, qui ex voluntate Patris, cooperante Spiritu sancto, per mortem tuam mundum vivificasti : libera me per hoc sacrosanctum Corpus & Sanguinem tuum, ab omnibus iniquitatibus meis, & universis malis; & fac me tuis semper inhærere mandatis, & à te nunquam separari permittas; Qui cum eodem Deo Patre & Spiritu sancto vivis & regnas Deus, &c. Amen.

PErceptio Corporis tui, Domine, Jesu Christe, quod ego indignus sumere præsumo, non mihi proveniat in judicium & condemnationem; sed pro tua pietate profit mihi ad tutamentum mentis

Dieu vivez & regnez dans tous les siécles des siécles. Amen.

SEigneur Jesus-Christ, Fils du Dieu vivant, qui par la volonté du Pere & la coopératiou du Saint-Esprit, avez donné la vie aux hommes en mourant pour eux : délivrez moi par votre saint Corps & votre précieux Sang ici présents, de tous mes pechés & de tous les autres maux : faites, s'il vous plaît, que je m'attache toujours inviolablement à votre loi, & ne permettez pas que je me sépare jamais de vous; Qui étant Dieu vivez & regnez avec Dieu le Pere & le Saint-Esprit, dans tous les siécles des siécles. Amen.

JEsus-Christ, mon Seigneur, que la participation de votre Corps que j'ose recevoir, tout indigne que j'en suis, ne tourne point à mon jugement & à ma condamnation; mais que par votre bonté elle serve à la défense de mon corps & de mon ame, & qu'elle soit le remede de tous mes maux : Accordez moi cette grace, Seigneur, qui étant Dieu vivez & regnez en l'unité du Saint-Esprit, dans tous les siécles des siécles. Amen.

& corporis, & ad medelam percipiendam ; Qui vivis & regnas cum Deo Patre in unitate Spiritûs sancti Deus, per omnia secula seculorum. Amen.

Je prendrai le pain céleste, & j'invoquerai le nom du Seigneur.

Panem cœlestem accipiam, & nomen Domini invocabo.

Le Prêtre tenant l'Hostie entre ses mains, dit trois fois : Domine, non sum dignus, &c.

Seigneur, je ne suis pas digne de vous recevoir dans ma maison : mais dites seulement une parole, & mon ame sera guérie.

Domine, non sum dignus ut intres sub tectum meum : sed tantùm dic verbo, & sanabitur anima mea.

Que le Corps de notre Seigneur Jesus-Christ garde mon ame pour la vie éternelle. Amen.

Corpus Domini nostri Jesu Christi custodiat animam meam in vitam æternam. Amen.

QUe rendrai-je au Seigneur, pour toutes les graces qu'il m'a faites ? Je prendrai le Calice du salut, & j'invoquerai le nom du Seigneur en chantant ses louanges, & je serai délivré de mes ennemis.

QUid retribuam Domino pro omnibus quæ retribuit mihi ? Calicem salutaris accipiam, & nomen Domini invocabo. Laudans invocabo Dominū, & ab inimicis meis salvus ero.

Que le Sang de notre Seigneur Jesus-Christ

Sanguis Domini nostri Jesu Christi

cuſtodiat animam meam in vitam æter-n᾽m. Amen.

garde mon ame pour la vie éternelle. Amen.

QUod ore ſum-pſimus, Domi-ne, purâ mente ca-piamus ; & de mu-nere temporali fiat nobis remedium ſempiternum.

FAites, Seigneur, que nous conſervions dans un cœur pur le Sacre-ment que notre bouche a reçu ; & que le don qui nous eſt fait dans le temps, nous ſoit un remede pour l'éternité.

Corpus tuum, Do-mine, quod ſumpſi, & Sanguis quem po-tavi, adhæreat viſ-ceribus meis : & præſta, ut in me non remaneat ſcele-rum macula, quem pura & ſancta refe-runt Sacramenta ; Qui vivis & regnas in ſecula ſeculorum. Amen.

Que votre Corps que j'ai reçu, Seigneur, & que votre Sang que j'ai bû, s'attache à mes en-trailles : faites qu'après avoir été nourri par des Sacremens ſi purs & ſi ſaints, il ne demeure en moi aucune ſouillure du peché : Accordez - moi cette grace, Seigneur, qui vivez & regnez, &c. Amen.

Après la Poſtcommunion, le Prêtre dit :

Dominus vobiſ-cum, ℟. Et cum ſpiritu tuo.

Le Seigneur ſoit avec vous, ℟. Et avec votre eſprit.

Enſuite il congédie l'Aſſemblée, en diſant :

Ite ; Miſſa eſt.

Allez ; la Meſſe eſt dite.

[*Lorſqu'on n'a point dit* Gloria in excelſis. *on dit :*

Benedicamus Do-mino.] ℟. Deo gra-tias.

Béniſſons le Seigneur.] ℟. Rendons graces à Dieu.

Aux Meſſes des Morts : Requieſcant in pace. ℟. Amen.

REcevez favorablement, ô Trinité sainte, l'hommage & l'aveu de ma parfaite dépendance : daignez agréer le sacrifice que j'ai offert à votre divine majesté, tout indigne que j'en suis : faites par votre bonté qu'il m'obtienne miséricorde, & à tous ceux pour qui je l'ai offert ; Par Jesus-Christ notre Seigneur. Amen.

PLaceat tibi, sanÉta Trinitas, obsequium servitutis meæ : & præsta, ut Sacrificium quod oculis tuæ majestatis indignus obtuli, tibi sit acceptabile : mihique & omnibus pro quibus illud obtuli, sit, te miserante, propitiabile; Per Christum Dominum nostrum. Amen.

Que Dieu tout-puissant, le Pere, & le Fils, & le Saint-Esprit vous bénisse.

℞. Amen.

℣. Le Seigneur soit avec vous, ℞. Et avec votre esprit.

Benedicat vos omnipotens Deus, Pater, & Filius, & Spiritus sanÉtus. ℞. Amen.

℣. Dominus vobiscum, ℞. Et cum spiritu tuo.

Commencement du saint Evangile selon S. Jean.

AU commencement étoit le Verbe, & le Verbe étoit en Dieu, & le Verbe étoit Dieu. Il étoit dès le commencement en Dieu. Toutes choses ont été faites par lui ; & rien de ce qui a été fait, n'a été fait sans lui. Dans lui étoit la vie, & la vie étoit la lumiére des hommes : & la lu-

IN principio erat Verbum, & Verbum erat apud Deum, & Deus erat Verbum, Hoc erat in principio apud Deum. Omnia per ipsum facta sunt : & sine ipso factum est nihil quod factum est. In ipso vita erat, & vita erat lux hominum : & lux in tenebris lucet ; & tenebræ eam non comprehenderunt. Fuit homo missus à Deo, cui nomen erat Joannes. Hic venit in testimonium, ut testimonium perhiberet de lumine ; ut omnes crederent per illum. Non erat ille lux, sed ut testimonium perhiberet de lumine, Erat lux vera quæ illuminat omnem hominem venientem in hunc mundum. In mundo erat, & mundus per ipsum factus est ; & mundus eum non cognovit. In propria venit, & sui eum non receperunt. Quotquot autem receperunt eum, dedit eis potestatem filios Dei fieri, his qui credunt in nomine ejus; qui non ex sanguinibus, neque ex voluntate carnis, neque ex voluntate

miére luit dans les ténébres, & les ténébres ne l'ont point comprise. Il y eut un homme envoyé de Dieu, qui s'appelloit Jean. Il vint pour rendre témoignage à la lumiére, afin que tous crussent par lui. Il n'étoit pas la lumière ; mais il vint pour rendre témoignage à celui qui est la lumiére. C'étoit la vraie lumiére qui éclaire tout homme venant en ce monde. Il étoit dans le monde ; & le monde a été fait par lui, & le monde ne l'a point connu. Il est venu chez soi, & les siens ne l'ont point reçu. Mais il a donné à tous ceux qui l'ont reçu, le pouvoir d'être faits enfans de Dieu, à ceux qui croient en son nom, qui ne sont point nés du sang, ni des desirs de la chair, ni de la volonté de l'homme, mais de Dieu même. ET LE VERBE S'EST FAIT CHAIR, & il a habité parmi nous, plein de grace & de vérité : & nous avons vû sa gloire, qui est la gloire du

Fils unique du Pere. ℟. Rendons graces à Dieu.

viri, fed ex Deo nati funt. ET VERBUM CARO FACTUM EST, & habit in nobis (& vidimus gloriam ejus, gloriam quafi Unigeniti à Patre) plenum gratiæ & veritatis. ℟. Deo gratias.

BENEDICTION DE L'EAU.

NOtre fecours eft dans le nom du Seigneur, ℟. Qui a fait le ciel & la terre.

℣. Que le nom du Seigneur foit beni,

℟. Maintenant, & dans toute l'éternité.

ADjutorium noftrum in nomine Domini, ℟. Qui fecit cœlum & terram.

℣. Sit nomen Domini benedictum,

℟. Ex hoc nunc, & ufque in feculum.

EXORCISME ET BENEDICTION DU SEL.

JE t'éxorcife, Sel, par le Dieu vivant, par le Dieu véritable, par le Dieu faint qui t'a créé, & par l'ordre duquel Elifée fon Prophéte te jetta dans l'eau pour la rendre faine & féconde ; afin que par cet éxorcifme tu puiffes contribuer au falut des fideles ; qu'ils reçoivent la fanté de l'ame & du corps; que les lieux où tu feras

EXorcizo te, creatura falis, per Deum vivum, per Deum verum, per Deum fanctum, per Deum qui te per Elifeum Prophetam in aquam mitti juffit, ut fanaretur fterilitas aquæ ; ut efficiaris fal exorcizatum in falutem credentium; ut fis omnibus te fumentibus fanitas animæ & corporis ; & ut effugiat atque difcedat à loco, in quo afperfum fueris, omnis phantafia & nequitia, vel verfutia diabolicæ fraudis, omnifque fpiritus immundus adjuratus per eum qui venturus eft judicare vivos & mortuos, & feculum per ignem. ℟. Amen.

Oremus.

IMmenfam clementiam tuam, omnipotens æterne Deus, humiliter imploramus, ut hanc creaturam falis, quam in ufum generis humani tribuifti, benedicere, & fanctificare tuâ pietate digneris ; ut fit omnibus fumentibus falus mentis & corporis : & quidquid ex eo tactum, vel afperfum fuerit, careat omni immunditiâ, omnique impugnatione fpiritalis nequitiæ ; Per Dominum noftrum Jefum Chriftum.

répandu, foient délivrés de l'illufion, de la malice, de la rufe, & de toutes les furprifes du démon ; & que tout efprit impur en foit chaffé au nom de celui qui viendra juger les vivans & les morts, & le fiécle par le feu.

℟. Amen.

Prions.

DIeu tout-puiffant & éternel, nous vous fupplions par votre miféricorde infinie, de bénir & fanctifier ce fel que vous avez créé pour l'ufage du genre humain ; afin qu'il ferve à tous ceux qui en prendront, pour le falut de leur ame & de leur corps ; & que tout ce qui en fera touché ou arrofé, foit préfervé de toute fouillure, & de toutes les attaques des efprits de malice ; Par notre Seigneur Jefus-Chrift votre Fils, qui étant Dieu vit & regne avec vous en l'unité du Saint-Efprit, dans tous les fiécles des fiécles.

℟. Amen.

EXORCISME ET BENEDICTION DE L'EAU.

JE t'éxorcife, Eau créée pour notre ufage , au nom de Dieu le Pere tout-puiffant , au nom de notre Seigneur Jefus-Chrift fon Fils , & par la vertu du Saint-Efprit ; afin que par cet éxorcifme tu puiffes fervir à chaffer & à diffiper toutes les forces de l'ennemi , & à l'exterminer lui-même avec fes anges apoftats ; Par la puiffarce du même Jefus-Chrift notre Seigneur , qui viendra juger les vivans & les morts , & le monde par le feu.

℞. Amen.

EXorcizo te , creatura aquæ , in nomine Dei Patris omnipotentis , & in nomine Jefu Chrifti Filii ejus Domini noftri , & in virtute Spiritûs fancti ; ut fias aqua exorcizata ad effugandam omnem poteftatem inimici,& ipfum inimicum eradicare & explantare valeas , cum angelis fuis apoftaticis ; Per virtutem ejufdem Domini noftri Jefu Chrifti, qui venturus eft judicare vivos & mortuos, & feculum per ignem. ℞. Amen.

Prions.

O Dieu , qui faites fervir l'eau aux plus grands Sacremens établis pour le falut des hommes : écoutez favorablement nos priéres , & répandez la vertu de votre bénédiction fur cet élément que nous employons après plufieurs bénédictions préparatoires ; afin que cette eau que vous avez créée , fervant à vos myfteres , reçoive l'effet de votre

Oremus.

DEus , qui ad falutem humani generis maxima quæque Sacramenta in aquarum fubftantia condidifti : adefto propitius invocationibus noftris , & elemento huic , multimodis purificationibus præparato , virtutem tuæ benedictionis infunde ; ut creatura tua myfteriis tuis ferviens, ad abigendos dæmones, morbofque pellendos, divinæ gratiæ tuæ fumat effectum ; ut quidquid in domibus, vel in locis fidelium hæc unda refperferit, careat omni immunditiâ, liberetur à noxa : non illìc refideat fpiritus peftilens, non aura corrumpens : difcedant omnes infidiæ latentis inimici : & fi quid eft quod aut incolumitati habitantium invidet, aut quieti, afperfione hujus aquæ effugiat; ut falubritas per invocationem fancti tui nominis expetita, ab omnibus fit impugnationibus defenfa; Per Dominum noftrum Jefum Chriftum.

grace divine pour chaffer les démons & les maladies; afin que ce qui en fera arrofé dans les maifons, & dans les autres lieux où fe trouvent les fideles, foit préfervé de toute impureté & de tous maux : que tout ce qui peut corrompre l'air qu'ils y refpirent, en foit chaffé ; afin que par l'afperfion de cette eau, ils y foient délivrés des embûches fecrétes de l'ennemi, & de tout ce qui pourroît y nuire à leur fanté, ou troubler leur repos ; & qu'enfin la profpérité que nous demandons, en invoquant votre faint nom, foit à l'abri de toute attaque ; Par notre Seigneur Jefus-Chrift votre Fils, qui étant Dieu vit & regne avec vous en l'unité du Saint-Efprit, dans tous les fiécles des fiécles. ℟. Amen.

Le Prêtre met le fel dans l'eau, en difant :

COmmixtio falis & aquæ pariter fiat in nomine Patris, & Filii, & Spiritûs fancti. ℟. Amen.

℣. Dominus vo-

QUe ce mélange du fel & de l'eau foit fait au nom du Pere, & du Fils, & du Saint-Efprit. ℟. Amen.

℣. Le Seigneur foit avec

vous , ℟. Et avec votre esprit.

Prions.

DIeu , qui êtes l'auteur d'une puissance invincible , le Roi d'un empire inébranlable ; qui triomphez toujours glorieusement ; qui diffipez les forces de ceux qui s'opposent à vos desseins ; qui arrêtez la fureur de l'ennemi rugissant , & qui par votre souverain pouvoir domptez la malice de vos adversaires : nous vous supplions avec tremblement & avec respect de regarder favorablement ce sel & cette eau , qui sont vos créatures , & de répandre sur elles vos bénédictions & vos graces ; afin que tous les lieux qui en seront arrofés , soient préservés par l'invocation de votre saint nom , des illufions de l'esprit impur , & du soufle empoisonné du serpent ; & qu'en implorant votre miséricorde , nous soyons par-tout éclairés des lumiéres de votre Efprit saint ; Par notre Seigneur J. C... en l'unité du mêmeSaint-Efprit, &c. ℟. Amen.

bifcum , ℟. Et cum spiritu tuo.

Oremus.

DEus , invictæ virtutis auctor, & insuperabilis imperii Rex, ac femper magnificus triumphator ; qui adversæ dominationis vires reprimis , qui inimici rugientis sævitiam superas , qui hoftiles nequitias potenter expugnas : te , Domine , trementes & supplices deprecamur , ac petimus ; ut hanc creaturam salis & aquæ dignanter aspicias , benignus illuftres , pietatis tuæ rore fanctifices ; ut ubicumque fuerit asperfa , per invocationem fancti tui nominis , omnis infeftatio immundi spiritûs abigatur , terrorque venenofi ferpentis procul pellatur , & præfentia fancti Spiritûs nobis misericordiam tuam pofcentibus ubique adeffe dignetur; Per.

Pendant l'Aspersion, on chante ce qui suit:

ASperges me, Domine, hyf-fopo; & mundabor: lavabis, me & super nivem dealbabor.

℣. Miferere meî, Deus, * fecundùm magnam mifericordiam tuam. Gloria Patri.

VOus m'arroferez avec l'hyffope, Seigneur; & je ferai purifié: vous me laverez, & je deviendrai plus blanc que la neige.

℣. Ayez pitié de moi, mon Dieu, felon l'étenduë de votre miféricorde. Gloire au Pere.

On repéte, Afperges. jufqu'au ℣.

Oremus.

Prions.

EXaudi nos, Domine fanĉte, Pater omnipotens, æterne Deus; & mittere digneris fanĉtum Angelum tuum de cœlis, qui cuftodiat, foveat, protegat, vifitet atque defendat omnes congregatos in hoc fanĉto templo tuo; Per Chriftum Dominum noftrum.

EXaucez - nous, Seigneur très-faint, Pere tout-puiffant, Dieu éternel; & daignez envoyer du ciel votre faint Ange; afin qu'il foit le gardien, l'appui & le protecteur de ceux qui font ici affemblés dans votre faint temple; Par Jefus-Chrift notre Seigneur. ℟. Amen.

BENEDICTION DU PAIN.

ADjutorium noftrum in nomine Domini, ℟. Qui fecit cœlum & terram.

℣. Dominus vobifcum, ℟. Et cum fpiritu tuo.

NOtre fecours eft dans le nom du Seigneur, ℟. Qui a fait le ciel & la terre.

℣. Le Seigneur foit avec vous, ℟. Et avec votre efprit.

Prions. — Oremus.

SEigneur Jesus-Christ, qui êtes le pain des Anges, le pain vivant qui produit la vie éternelle : daignez bénir ce pain, comme vous bénites les cinq pains dans le désert ; afin que tous ceux qui en mangeront, y trouvent la santé de l'ame & du corps : Accordez-nous cette grace, Seigneur, qui vivez & regnez dans la suite de tous les siécles.

℞. Amen.

DOmine Jesu Christe, panis Angelorum, panis vivus æternæ vitæ : benedicere dignare panem istum, sicut & benedixisti quinque panes in deserto ; ut omnes ex eo gustantes, inde corporis & animæ percipiant sanitatem ; Qui vivis & regnas in secula seculorum.

℞. Amen.

** : *********************** : **

PRIERES DU PROSNE.

JE léve les yeux vers vous, ô mon Dieu, qui habitez dans les cieux.

Comme les serviteurs tiennent les yeux arrêtés sur la main de leurs maîtres :

Et les servantes sur celle de leurs maîtresses ; ainsi nous tenons nos yeux arrêtés sur le Seigneur notre Dieu, jusqu'à ce qu'il ait pitié de nous.

Ayez pitié de nous, Seigneur, ayez pitié de nous; car nous sommes accablés d'injures & de mépris.

AD te levavi oculos meos, qui habitas in cœlis.

Ecce sicut oculi servorum in manibus dominorum suorum :

Sicut oculi ancillæ in manibus dominæ suæ ; ita oculi nostri ad Dominum Deum nostrū, donec misereatur nostrî.

Miserere nostrî, Domine, miserere nostrî ; quia multùm repleti sumus despectione.

Quia multùm repleta est anima nostra : opprobrium abundantibus , & despectio superbis.

Il y a long-temps que notre ame en est accablée : elle est l'objet de la raillerie des heureux du siécle, & des insultes des superbes.

Gloria Patri , & Filio , & Spiritui sancto :

Gloire au Pere, & au Fils, & au Saint-Esprit :

Sicut erat in principio , & nunc, & semper , & in secula seculorum. Amen.

Aujourd'hui , & toujours, comme dès le commencement, & dans tous les siécles des siécles. Amen.

Kyrie , eleison. Christe , eleison. Kyrie , eleison. Pater noster , &c.

℣. Et ne nos inducas in tentationem ; ℟. Sed libera nos à malo.

℣. Et ne nous abandonnez pas à la tentation ; ℟. Mais délivrez-nous du mal.

℣. Salvos fac servos tuos & ancillas tuas, ℟. Deus meus, sperantes in te.

℣. Sauvez vos serviteurs & vos servantes , ℟. Qui esperent en vous , ô mon Dieu.

℣. Esto nobis , Domine, turris fortitudinis, ℟. A facie inimici.

℣. Soyez-nous , Seigneur , comme une forte tour , ℟. Contre les attaques de l'ennemi.

℣. Fiat pax in virtute tua , ℟. Et abundantia in turribus tuis.

℣. Que la paix régne dans vos forteresses, ô cité sainte , ℟. Et l'abondance dans vos tours.

℣. Domine , exaudi , &c.

℣. Dominus , &c.

Oremus.

Prions.

DEus refugium nostrum & virtus, adesto piis Ecclesiæ tuæ precibus,

O Dieu , qui êtes notre azyle & notre force: écoutez favorablement les priéres de votre Eglise, vous qui lui inspirez la piété même qui la porte à vous les offrir ; & daignez nous accorder par votre bonté ce que nous vous demandons avec foi ; Par J. C. N. S.

auctor ipse pietatis ; & præsta ut quod fideliter petimus, efficaciter consequamur ; Per Christum Dominum nostrum. ℞. Amen.

Pour les Morts, P S E A U M E 129.

DU fond de l'abysme, Seigneur, je pousse des cris vers vous : Seigneur, écoutez ma voix.

DE profundis clamavi ad te, Domine : Domine, exaudi vocem meā.

Que vos oreilles soient attentives à la voix de ma priére.

Fiant aures tuæ intendentes in vocem deprecationis meæ.

Si vous tenez un compte exact des iniquités, ô mon Dieu ; qui pourra, Seigneur, subsister devant vous ?

Si iniquitates observaveris, Domine; Domine, quis sustinebit ?

Mais vous êtes plein de miséricorde ; & j'espere en vous, Seigneur, à cause de votre loi.

Quia apud te propitiatio est ; & propter legem tuam sustinui te, Domine.

Mon ame attend l'effet de vos promesses : mon ame a mis toute sa confiance dans le Seigneur.

Sustinuit anima mea in verbo ejus ; speravit anima mea in Domino.

Que depuis le matin jusqu'au soir Israël espére au Seigneur.

A custodia matutina usque ad noctem speret Israel in Domino.

Car le Seigneur est rempli de bonté ; & la rédemption qu'il nous a préparée, est abondante.

Quia apud Dominum misericordia, & copiosa apud eum redemptio.

Et ipfe redimet Ifrael ex omnibus iniquitatibus ejus.

Requiem æternam dona eis, Domine; & lux perpetua luceat eis.

℣. Requiefcant in pace. ℟. Amen.

Oremus.

DEus, veniæ largitor, & humanæ falutis amator: quæfumus clementiam tuam, ut noftræ congregationis fratres, propinquos & benefactores, qui ex hoc feculo tranfierunt, beatâ Mariâ femper Virgine intercedente cum omnibus Sanctis tuis, ad perpetuæ beatitudinis confortium pervenire concedas; Per Chriftum Dominum noftrum.

C'eft lui qui rachetera Ifraël de toutes fes iniquités.

Donnez-leur, Seigneur, le repos éternel; & faites luire fur eux cette lumiére qui ne s'éteint jamais.

℣. Qu'ils repofent en paix. ℟. Amen.

Prions.

O Dieu, qui pardonnez aux pécheurs, & qui aimez le falut des hommes: nous fupplions votre miféricorde, par l'interceffion de la bienheureufe Marie toujours Vierge, & de tous vos Saints, d'admettre à la participation de la béatitude éternelle nos freres, nos parens & nos bienfaicteurs, qui font fortis de ce monde; Par Jefus-Chrift notre Seigneur.

℟. Amen.

LE SAMEDI A VÊPRES.

O Dieu, venez à mon aide :
R̶̸. Hâtez-vous, Seigneur, de me secourir.

Gloire au Pere, & au Fils, & au Saint-Esprit : à présent, & toujours, comme dès le commencement, & dans tous les siécles des siécles. Amen. Alleluia.

DEus, in adjutorium meum intende : R̶̸. Domine, ad adjuvandum me festina.

Gloria Patri, & Filio, & Spiritui sancto : Sicut erat in principio, & nunc, & semper, & in secula seculorum. Amen. Alleluia.

PSEAUME 127.

HEureux tous ceux qui craignent le Seigneur, & qui marchent dans ses voies.

Vous vous nourrirez du travail de vos mains : en cela vous serez heureux & comblé de biens.

Votre femme dens l'interieur de votre maison sera comme une vigne fertile & abondante.

Vos enfans, comme de nouveaux plants d'oliviers, environneront votre table.

C'est ainsi que sera beni celui qui craint le Seigneur.

BEati omnes qui timent Dominum, * qui ambulant in viis ejus.

Labores manuum tuarum quia manducabis : * beatus es, & bene tibi erit.

Uxor tua sicut vitis abundans * in lateribus domûs tuæ.

Filii tui sicut novellæ olivarum * in circuitu mensæ tuæ.

Ecce sic benedicetur homo * qui timet Dominum.

A

Benedicat tibi Dominus ex Sion ; * & videas bona Jerusalem omnibus diebus vitæ tuæ.

Que le Seigneur répande de Sion ses bénédictions sur vous , & qu'il vous fasse voir la gloire & le bonheur de Jerusalem tous les jours de votre vie.

Et videas filios filiorum tuorum , * pacem super Israel.

Qu'il vous fasse voir les enfans de vos enfans , & la paix dans Israël.

Gloria Patri , &c.

Gloire au Pere.

PSEAUME 131.

MEmento, Domine, David,* & omnis mansuetudinis ejus.

SEigneur , souvenez-vous de David, & de sa patience au milieu de ses afflictions.

Sicut juravit Domino , * votum vovit Deo Jacob.

Souvenez-vous, ô Dieu de Jacob , du vœu qu'il vous fit avec serment.

Si introiero in tabernaculum domûs meæ, * si ascendero in lectum strati mei ;

Je jure , vous dit il, que je n'entrerai pas dans mon palais; que je ne monterai point sur mon lit ;

Si dedero somnum oculis meis , * & palpebris meis dormitationem ;

Que je ne permettrai pas à mes yeux de dormir, ni à mes paupiéres de sommeiller ;

Et requiem temporibus meis, donec inveniam locum Domino , * tabernaculum Deo Jacob.

Que ma tête ne reposera point , jusqu'à ce que j'aie trouvé une demeure au Seigneur , & un tabernacle au Dieu de Jacob.

Ecce audivimus eam in Ephrata : * invenimus eam in campis silvæ.

Nos peres nous ont appris que l'arche avoit été en Ephrata : nous l'avons trouvée dans un pays plein de bois.

Nous entrerons enfin dans le temple du Seigneur, & nous l'adorerons dans le lieu qu'il veut habiter.

Levez-vous, Seigneur : venez dans le lieu de votre repos, vous & l'Arche où éclate votre sainteté.

Que vos Prêtres soient revêtus de justice, & que vos Saints chantent des cantiques de joie.

A cause de David votre serviteur, ne rejettez pas votre Christ.

Introibimus in tabernaculum ejus : * adorabimus in loco ubi steterunt pedes ejus.

Surge, Domine, in requiem tuam, * tu & arca sanctificationis tuæ.

Sacerdotes tui induantur justitiam, * & sancti tui exultent.

Propter David servum tuum, * non avertas faciem Christi tui.

DIVISION DU PSEAUME 131.

LE Seigneur a fait à David un serment véritable, & il ne le rétractera point : J'établirai sur votre thrône un fils qui naîtra de vous.

Si vos enfans gardent mon alliance, & les préceptes que je leur enseignerai ;

Eux & leur postérité seront assis sur votre thrône pour toujours.

Car le Seigneur a choisi Sion : il l'a choisie pour sa demeure.

JUravit Dominus David veritatem, & non frustrabitur eum : * De fructu ventris tui ponam super sedem tuam.

Si custodierint filii tui testamentum meum, * & testimonia mea hæc quæ docebo eos.

Et filii eorum usque in seculum * sedebunt super sedem tuam.

Quoniam elegit Dominus Sion : * elegit eam in habitationem sibi.

Hæc requies mea in seculum seculi : * hic habitabo , quoniam elegi eam.

Viduam ejus benedicens benedicam : * pauperes ejus saturabo panibus.

Sacerdotes ejus induam salutari ; * & sancti ejus exultatione exultabunt.

Illuc producam cornu David : * paravi lucernam Christo meo.

Inimicos ejus induam confusione ; * super ipsum autem efflorebit sanctificatio mea.

C'est ici le lieu de mon repos pour jamais , a-t-il dit : j'habiterai ici , parce que c'est le lieu que j'ai choisi.

Je verserai sur la veuve de Sion une bénédiction abondante : je rassasierai ses pauvres de pain.

Je comblerai ses Prêtres de mes bienfaits ; & ceux qui me sont consacrés , seront transportés de joie.

C'est-là que je ferai éclater la puissance de David : j'y ai préparé pour mon Christ une lampe qui ne s'éteindra pas.

Je couvrirai de honte ses ennemis ; & la couronne que j'ai mise sur sa tête, ne se flétrira jamais.

Pseaume 143.

BEnedictus Dominus Deus meus , qui docet manus meas ad prælium , * & digitos meos ad bellum.

Misericordia mea, & refugium meum : * susceptor meus , & liberator meus.

Protector meus , & in ipso speravi ; *

BEni soit le Seigneur mon Dieu , qui a formé mes mains au combat , & me les a rendues propres à la guerre.

Il me fait sentir continuellement les effets de sa miséricorde : il est mon refuge , mon appui , & mon libérateur.

Il est mon protecteur , & j'ai mis en lui mon espérance : c'est lui qui tient mon peuple dans la soumission.

Seigneur, qu'est-ce que l'homme, pour vous faire connoître à lui ? qu'est-ce que le fils de l'homme, pour être aussi présent qu'il l'est à votre pensée ?

L'homme n'est qu'un néant : ses jours passent comme l'ombre.

Seigneur, abbaissez vos cieux, & descendez : touchez les montagnes, & elles s'en iront en fumée.

Lancez vos éclairs, & vous dissiperez mes ennemis : jettez vos fléches, & vous les mettrez en déroute.

Tendez moi la main du haut du ciel, & délivrez-moi : tirez-moi du naufrage, & des mains d'une nation étrangére,

Dont la bouche ne profére que des paroles de vanité, & dont la langue est souillée d'iniquités.

qui subdit populum meum sub me.

Domine, quid est homo, quia innotuisti ei ? * aut filius hominis, quia reputas eum ?

Homo vanitati similis factus est : * dies ejus sicut umbra prætereunt.

Domine, inclina cœlos tuos, & descende : * tange montes, & fumigabunt.

Fulgura coruscationem, & dissipabis eos : * emitte sagittas tuas, & conturbabis eos.

Emitte manum tuam de alto : eripe me, & libera me de aquis multis, * de manu filiorum alienorum,

Quorum os locutum est vanitatem ; * & dextera eorum, dextera iniquitatis.

DIVISION DU PSEAUME 143.

JE vous chanterai un nouveau cantique, ô mon Dieu : je chanterai sur la

DEus, canticum novum cantabo tibi : * in psalterio

decachordo pfallam tibi.

lyre, & fur l'inftrument à dix cordes.

Qui das falutem regibus ; * qui redemifti David fervum tuum de gladio maligno, eripe me.

Vous qui fauvez les rois, & qui avez délivré David votre ferviteur de l'épée des méchans, délivrez-moi.

Et erue me de manu filiorum alienorum, quorum os locutum eft vanitatem ; * & dextera eorum, dextera iniquitatis.

Tirez-moi des mains d'une nation étrangére, dont la bouche ne profere que des paroles de vanité, & dont la main eft fouillée d'iniquités.

Quorum filii ficut novellæ plantationes * in juventute fua.

Leurs enfans croiffent dans leur jeuneffe comme de nouvelles plantes.

Filiæ eorum compofitæ, * circumornatæ ut fimilitudo templi.

Leurs filles font parées, & ornées comme des temples.

Promptuaria eorum plena, * eructantia ex hoc in illud.

Leurs celliers font pleins, & regorgent de toutes fortes de fruits.

Oves eorum fœtofæ, abundantes in egreffibus fuis : * boves eorum craffæ.

Leurs brebis font fécondes, & fortent en grand nombre de leurs bergeries : leurs vaches font graffes.

Non eft ruina maceriæ, neque tranfitus : * neque clamor in plateis eorum.

Leurs murs font fans bréches, & leurs villes bien fermées : leurs places ne retentiffent point du bruit des alarmes.

Beatum dixerunt

Heureux, difent-ils,

le peuple qui jouit de ces avantages : mais le peuple véritablement heureux, est celui qui a le Seigneur pour son Dieu.

Ant. Capitule, Hymne, & ℣. au Propre.

CANTIQUE DE LA VIERGE. *Luc.* 1.

MOn ame, glorifie le Seigneur,

Et mon esprit est ravi de joie en Dieu mon Sauveur ;

Parce qu'il a regardé la bassesse de sa servante : & désormais je serai appellée bienheureuse dans la suite de tous les siécles.

Car il a fait en moi de grandes choses, lui qui est le Tout-puissant, & dont le nom est saint.

Sa miséricorde se répand d'âge en âge sur ceux qui le craignent.

Il a déployé la force de son bras : il a renversé les superbes, en dissipant leurs desseins.

Il a fait descendre les grands de leur thrône, & il a élevé les petits.

Il a rempli de biens ceux qui étoient affamés,

populum cui hæc sunt :* beatus populus, cujus Dominus Deus ejus.

MAgnificat * anima mea Dominum,

Et exultavit spiritus meus.* in Deo salutari meo ;

Quia respexit humilitatem ancillæ suæ : * ecce enim ex hoc beatam me dicent omnes generationes.

Quia fecit mihi magna qui potens est, * & sanctum nomen ejus.

Et misericordia ejus à progenie in progenies * timentibus eum.

Fecit potentiam in brachio suo : * dispersit superbos, mente cordis sui.

Deposuit potentes de sede, * & exaltavit humiles.

Esurientes implevit bonis, * & divites dimisit inanes.

& il a renvoyé vuides & pauvres ceux qui étoient riches.

Suscepit Israel puerum suum, * recordatus misericordiæ suæ.

Il a pris en sa protection Israël son serviteur, se souvenant de la bonté,

Sicut locutus est ad patres nostros, * Abraham & semini ejus in secula.

Qu'il a eue pour Abraham & pour sa race à jamais, selon les promesses qu'il a faites à nos peres.

L'Antienne & l'Oraison au Propre.

A COMPLIES.

COnverte nos, Deus salutaris noster : ℞. Et averte iram tuam à nobis.

FAites-nous retourner à vous, ô Dieu qui êtes notre salut ; ℞. Et détournez votre colére de dessus nous.

℣. Deus, in adjutorium. Gloria Patri.

PSEAUME 50.

MIserere mei, Deus, * secundùm magnam misericordiam tuam ;

AYez pitié de moi, mon Dieu, selon l'étenduë de votre miséricorde :

Et secundùm multitudinem miserationum tuarum * dele iniquitatem meam.

Et effacez mon iniquité, selon la grandeur & la multitude de vos bontés.

Ampliùs lava me ab iniquitate mea, * & à peccato meo munda me.

Lavez-moi de mon iniquité de plus en plus, & purifiez-moi de mon peché ;

Quoniam iniqui-

Car je reconnois mon

Iniquité, & ma faute est toujours présente à mes yeux.

C'est contre vous seul que j'ai péché : j'ai commis le mal en votre présence : pardonnez-moi, afin que vous soyez reconnu fidéle dans vos promesses, & irréprochable dans vos jugemens.

Vous sçavez que j'ai été engendré dans l'iniquité, & que ma mere m'a conçu dans le peché.

Vous aimez la vérité, Seigneur; & vous m'avez instruit des mysteres de votre sagesse.

Purifiez-moi donc avec l'hyssope, & alors je serai pur : lavez-moi, & je deviendrai plus blanc que la neige.

Faites-moi entendre une parole de consolation & de joie ; & mes os que vous avez brisés, tressailleront d'allegresse.

Détournez vos yeux pour ne plus voir mes offenses, & effacez tous mes pechés.

tatem meam ego cognosco, * & peccatum meum contra me est semper.

Tibi soli peccavi, & malum coram te feci ; * ut justificeris in sermonibus tuis, & vincas cùm judicaris.

Ecce enim in iniquitatibus conceptus sum, * & in peccatis concepit me mater mea.

Ecce enim veritatem dilexisti ; * incerta & occulta sapientiæ tuæ manifestasti mihi.

Asperges me hyssopo, & mundabor : * lavabis me, & super nivem dealbabor.

Auditui meo dabis gaudium & lætitiam ; * & exultabunt ossa humiliata.

Averte faciem tuam à peccatis meis, * & omnes iniquitates meas dele.

A v

Cor mundum crea in me, Deus; * & spiritum rectum innova in visceribus meis.

Créez en moi un cœur pur, ô mon Dieu; & renouvellez au fond de mes entrailles l'esprit de droiture & de justice.

Ne projicias me à facie tua; * & Spiritum sanctum tuum ne auferas à me.

Ne me rejettez pas de votre présence; & ne retirez pas de moi votre Esprit saint.

Redde mihi lætitiam salutaris tui; * & Spiritu principali confirma me.

Rendez-moi la joie de votre assistance salutaire, & fortifiez moi par votre esprit souverain.

Docebo iniquos vias tuas; * & impii ad te convertentur.

J'apprendrai vos voies aux pécheurs; & les impies se convertiront à vous.

Libera me de sanguinibus, Deus, Deus salutis meæ; * & exultabit lingua mea justitiam tuam.

O Dieu, ô Dieu mon Sauveur, délivrez moi des peines que meritent mes actions sanguinaires; & ma langue publiera avec joie votre justice.

Domine, labia mea aperies; * & os meum annuntiabit laudem tuam.

Seigneur, vous ouvrirez mes lévres; & ma bouche annoncera vos louanges.

Quoniam si voluisses sacrificium, dedissem utique; * holocaustis non delectaberis.

Si vous aimiez les sacrifices, je vous en offrirois; mais les holocaustes ne sont pas ce que vous demandez.

Sacrificium Deo spiritus contribulatus: * cor contritum & humiliatum, Deus, non despicies.

Le sacrifice que Dieu demande, est un esprit pénetré de douleur: vous ne méepriserez pas, ô mon Dieu, un cœur contrit & humilié.

Par un effet de votre bonté, Seigneur, répandez vos bénédictions sur Sion, & bâtissez les murs de Jerusalem.

Vous agréerez alors les sacrifices de justice, les offrandes & les holocaustes : alors on vous offrira des victimes d'actions de graces sur votre autel.

Benignè fac, Domine, in bona voluntate tua Sion, * ut ædificentur muri Jerusalem.

Tunc acceptabis sacrificium justitiæ, oblationes & holocausta : * tunc imponent super altare tuum vitulos.

PSEAUME 85.

SEigneur, prêtez l'oreille à ma priére, & éxaucez-moi ; car je suis sans secours & dans l'indigence.

Conservez mon ame, parce que je vous suis consacré : sauvez, ò mon Dieu, votre serviteur qui espere en vous.

Faites-moi miséricorde, Seigneur, parce que je crie vers vous durant tout le jour : répandez la joie dans mon ame, Seigneur, parce que je la tiens élevée vers vous.

Car vous êtes bon & indulgent, Seigneur : vous êtes plein de miséricorde envers tous ceux qui vous invoquent.

INclina, Domine, aurem tuam, & exaudi me ; * quoniam inops & pauper sum ego.

Custodi animam meam, quoniam sanctus sum ; * salvum fac servum tuum, Deus meus, sperantem in te.

Miserere meî, Domine, quoniam ad te clamavi totâ die : * lætifica animam servi tui, quoniam ad te, Domine, animam meam levavi.

Quoniam tu, Domine, suavis & mitis ; * & multæ misericordiæ omnibus invocantibus e.

Auribus percipe, Domine, orationem meam ; * & intende voci deprecationis meæ.

Seigneur, écoutez mes vœux, & soyez attentif à la voix de ma priére.

In die tribulationis meæ clamavi ad te ; * quia exaudisti me.

Je vous adresse mes cris au jour de mon affliction ; parce que vous m'avez déja exaucé.

Non est similis tuî in diis, Domine ; * & non est secundùm opera tua.

Entre les dieux des nations, il n'y en a point qui vous ressemble, Seigneur, ni qui opére les merveilles que vous faites.

Omnes gentes quascumque fecisti, venient & adorabunt coram te, Domine, * & glorificabunt nomen tuum.

Toutes les nations que vous avez créées, viendront vous adorer, Seigneur ; & elles glorifieront votre nom.

Quoniam magnus es tu, & faciens mirabilia : * tu es Deus solus.

Car vous êtes grand, vous êtes celui qui fait les merveilles : il n'y a point d'autre Dieu que vous.

DIVISION DU PSEAUME 85.

DEduc me, Domine, in via tua, & ingrediar in veritate tua : * lætetur cor meum, ut timeat nomen tuum.

SEigneur, enseignez-moi votre voie, & je marcherai dans votre vérité : remplissez mon cœur de joie, afin qu'il révére & qu'il craigne votre nom.

Confitebor tibi, Domine Deus meus, in toto corde meo, * & glorificabo nomen tuum in æternum.

Seigneur, mon Dieu, je vous louerai de toute mon ame, & je glorifierai votre nom éternellement.

Car vous m'avez fait éprouver la grandeur de votre miséricorde ; & vous avez tiré mon ame de l'abyfme le plus profond.

Les méchans fe font élevés contre moi, ô mon Dieu : une troupe d'hommes puiffants cherchent à m'ôter la vie ; & ils n'ont point votre crainte devant les yeux.

Mais vous, Seigneur, vous êtes un Dieu de bonté & de clémence : vous êtes lent à punir, infiniment miféricordieux, & fidéle dans vos promeffes.

Jettez les yeux fur moi, & ayez pitié de moi : donnez votre force à votre fervit ur, & fauvez le fils de votre fervante.

Faites paroître quelque figne de votre bonté envers moi ; afin que ceux qui me haïffent, foient couverts de confufion, en voyant que je trouve en vous, Seigneur, mon fecours & ma confolation.

Quia mifericordia tua magna eft fuper me, * & eruifti animam meam ex inferno inferiori.

Deus, iniqui infurrexerunt fuper me, & fynagoga potentium quæfierunt animam meã ; * & non propofuerunt te in confpectu fuo.

Et tu, Domine, Deus miferator & mifericors : * patiens, & multæ mifericordiæ & verax.

Refpice in me, & miferere mei : * da imperium tuum puero tuo, & falvum fac filium ancillæ tuæ.

Fac mecum fignum in bonum ; ut videant qui oderunt me, & confundantur, * quoniam tu, Domine, adjuvifti me, & confolatus es me.

Les Antiennes au Propre.

HYMNE.

MUndi salus qui nasceris,
Jesu puer, nos respice :
Da moribus castis tuam
Referre nos infantiam.

Fessos diurno dum levat
Labore nocturnus sopor,
Defende, pastor, bestiis
Tuas ab infestis oves.

O Virgo quæ paris Deum,
Fovesque lactentem sinu,
Hunc flecte nobis quâ vales,
Benigna mater, gratiâ.

Qui natus es de Virgine,
Jesu, tibi sit gloria
Cum Patre, cumque Spiritu,
In sempiterna secula. Amen.

JEsus enfant, qui naissez pour être le salut du monde, jettez sur nous un regard de miséricorde ; afin que la pureté de nos mœurs retrace en nous votre divine enfance.

Pendant que le sommeil de la nuit nous délasse des travaux pénibles du jour ; défendez, ô souverain pasteur, vos foibles brebis contre les attaques des bêtes cruelles.

O Vierge, qui enfantez un Dieu fait homme, & qui le nourrissez de votre lait, soyez pour nous une mere tendre ; & ne refusez pas d'employer le crédit que vous donne ce Dieu puissant, pour nous le rendre favorable.

Gloire à vous, ô Jesus, qui êtes né d'une Vierge ; & soyez honoré avec le Pere, & le Saint-Esprit, dans tous les siécles des siécles. Amen.

CAPITULE. *1. Pierre, 5.*

SObrii estote, & vigilate ; quia adversarius vester

SOyez sobres & veillez ; car le démon votre ennemi tourne autour de vous comme un lion rugiſſant, cherchant qui il pourra dévorer : réſiſtez-lui donc, en demeurant fermes dans la foi.

℟. *br.* Seigneur, je remets mon eſprit entre vos mains. Seigneur. ℣ Vous m'avez racheté, Seigneur, Dieu de vérité : Je remets mon eſprit entre vos mains. Gloire au Pere. Seigneur, je remets mon eſprit entre vos mains.

℣. Gardez-moi, Seigneur, comme la prunelle de l'œil : ℟. Couvrez-moi de vos ailes.

diabolus, tanquam leo rugiens, circuit quærens quem devoret : cui reſiſtite fortes in fide.

℟. *br.* In manus tuas, Domine, * Commendo ſpiritum meum. In manus. ℣. Redemiſti me, Domine, * Deus veritatis : * Commendo. Gloria Patri. In manus.

℣. Cuſtodi me, Domine, ut pupillam oculi : ℟. Sub umbra alarum tuarum protege me.

CANTIQUE DE S. SIMEON. *Luc,* 2.

C'Eſt maintenant, Seigneur, que vous laiſſerez mourir en paix votre ſerviteur ſelon votre parole ;

Puiſque mes yeux ont vû le Sauveur que vous nous donnez,

Et que vous deſtinez pour être expoſé à la vuë de tous les peuples,

Pour être la lumiére qui éclairera les nations, & la gloire de votre peuple d'Iſraël.

Gloire au Pere, &c.

NUnc dimittis ſervum tuum, Domine, * ſecundùm verbum tuum, in pace ;

Quia viderunt oculi mei * Salutare tuum,

Quod paraſti * ante faciem omnium populorum,

Lumen ad revelationem gentium, * & gloriam plebis tuæ Iſrael.

Gloria Patri, &c.

â. Dominus vobiscum , ℟. Et cum spiritu tuo.
Oremus.   Prions.

VIsita , quæsu-mus , Domine, habitationem istam , & omnes insidias inimici ab ea longè repelle : Angeli tui sancti habitent in ea , qui nos in pace custodiant , & be-nedictio tua sit super nos semper ; Per Dominum nostrum.

NOus vous supplions , Seigneur , de visiter cette demeure , & d'en éloigner tous les piéges de l'ennemi : que vos saints Anges y habitent pour nous y conserver en paix , & que votre bé-nédiction soit toujours sur nous ; Par notre Sei-gneur Jesus-Christ votre Fils.

â. Dominus vobiscum. Benedicamus , &c.

Les Complies étant finies , on dit à voix basse :

Gratia Domini nostri Jesu Christi , & caritas Dei , & communicatio sancti Spiritûs sit cum om-nibus vobis.
℟. Amen.

Que la grace de notre Seigneur Jesus-Christ , l'amour de Dieu , & la communication du Saint-Esprit soit avec vous tous.
℟. Amen.

Après l'Office on dit tout bas :
Pater. Ave. Credo.

ANTIENNE A LA VIERGE.

ALma Redem-ptoris Mater , quæ pervia cœli Porta manes , & stella maris , suc-curre cadenti , Surgere qui curat , populo : tu quæ genuisti , Naturâ mirante ,

BIenheureuse Mere du Rédempteur , vous dont l'intercession est un puissant secours pour nous ouvrir les portes du ciel , & pour nous faire éviter les écueils de cette mer orageuse du monde ; aidez de vos priéres ce peuple qui veut se relever de ses chutes. Vous qui par un miracle dont la nature a été étonnée, avez enfanté votre Créateur, en demeurant Vierge devant & après l'enfantement ; vous qui par la bouche de l'Ange Gabriel avez reçu cette salutation si glorieuse pour vous, & si salutaire pour le genre humain, ayez pitié des pécheurs.

℣. Un homme est né dans elle ; ℟. Et le Très-haut lui-même l'a fondée.

Prions.

O Dieu, qui en rendant féconde la virginité de la bienheureuse Vierge Marie, avez assuré au genre humain les récompenses du salut éternel : nous vous prions de nous faire éprouver dans nos besoins combien est puissante auprès de vous l'intercession de celle par laquelle nous avons reçu l'auteur de la vie Jesus-Christ votre Fils notre Seigneur. ℟. Amen.

tuum sanctum Genitorem :
Virgo priùs ac posteriùs, Gabrielis ab ore
Sumens illud Ave, peccatorum miserere.

℣. Homo natus est in ea ; ℟. Et ipse fundavit eam Altissimus.

Oremus.

DEus, qui salutis æternæ, beatæ Mariæ virginitate fecundâ, humano generi præmia præstitisti : tribue, quæsumus, ut ipsam pro nobis intercedere sentiamus, per quam meruimus auctorem vitæ suscipere Dominum nostrum Jesum Christum Filium tuum. ℟. Amen.

LE DIMANCHE,

A MATINES.

Pater. Ave. Credo.

DOmine , labia mea aperies ; ℟. Et os meum annuntiabit laudem tuam.

℣. Deus, in adjurium meum intende: ℟. Domine, ad adjuvandum me festina.

Gloria Patri , & Filio , & Spiritui sancto : Sicut erat in principio , & nunc, & semper , & in secula seculorum. Amen. Alleluia.

SEigneur , vous ouvrirez mes lévres ; ℟. Et ma bouche annoncera vos louanges.

℣. O Dieu, venez à mon aide : ℟. Hâtez-vous, Seigneur, de me secourir.

Gloire au Pere , & au Fils , & au Saint-Esprit , à présent , & toujours , comme dès le commencement , & dans tous les siécles. Amen. Alleluia.

L'Invitatoire au Propre.

PSEAUME 94.

VEnite , exultemus Domino : jubilemus Deo salutari nostro : præoccupemus faciem ejus in confessione, & in psalmis jubilemus ei.

Quoniam Deus magnus Dominus,

VEnez , réjouissons-nous dans le Seigneur: chantons la gloire de Dieu notre Sauveur : présentons - nous devant lui en célébrant ses louanges, & chantons avec joie des cantiques à son honneur.

Car le Seigneur est le grand Dieu , & le grand

Roi , élevé au deſſus de tous les dieux : le Seigneur ne rejéttera pas ſon peuple : toute l'étenduë de la terre eſt en ſa main , & les plus hautes montagnes ſont à lui.

Il eſt le maître de la mer, car il l'a faite ; ſes mains ont auſſi créé la terre : venez , adorons Dieu , & proſternons-nous devant lui : pleurons devant le Seigneur qui nous a faits , car il eſt le Seigneur notre Dieu : nous ſommes ſon peuple , & les brebis qu'il conduit lui-même à ſes pâturages.

Si vous écoutez aujourd'hui ſa voix , n'endurciſſez pas vos cœurs, comme il arriva au jour du murmure qui attira ſur vous ma colére dans le déſert , où vos peres me tenterent , où ils éprouverent ma puiſſance , & furent enſuite témoins des miracles que je fis.

J'ai été proche de ce peuple pendant quarante ans , & j'ai dit : Leur cœur eſt toujours dans

& Rex magus ſuper omnes deos : quoniam non repellet Dominus plebem ſuam ; quia in manu ejus ſunt omnes fines terræ , & altitudines montium ipſe conſpicit.

Quoniam ipſius eſt mare, & ipſe fecit illud ; & aridam fundaverunt manus ejus : venite, adoremus, & procidamus ante Deum : ploremus coram Domino qui fecit nos ; quia ipſe eſt Dominus Deus noſter : nos autem populus ejus , & oves paſcuæ ejus.

Hodie ſi vocem ejus audieritis , nolite obdurare corda veſtra , ſicut in exacerbatione ſecundùm diem tentationis in deſerto, ubi tentaverunt me patres veſtri , probaverunt & viderunt opera mea.

Quadraginta annis proximus fui generationi huic , & dixi : Semper hi er-

rant corde ; ipſi ve-
rò non cognoverunt
vias meas ; quibus
juravi in ira mea, ſi
introibunt in re-
quiem meam.

l'égarement ; ils n'ont point
connu mes voies , & j'ai
juré dans ma colére ,
qu'ils n'entreront pas dans
le lieu de mon repos.

Gloria Patri , &c.

Gloire au Pere , &c.

On répete l'Invitatoire.

Hymne , Ant. &c. au Propre.

AU I. NOCTURNE.

PSEAUME 1.

BEatus vir qui
non abiit in
conſilio im-
piorum , & in via
peccatorum non ſte-
tit, * & in cathedra
peſtilentiæ non ſe-
dit ;

HEureux l'homme
qui ne ſe laiſſe
point aller au con-
ſeil des méchans , qui ne
s'arrête point dans la voie
des pécheurs , & qui ne
s'aſſied point dans la chaire
contagieuſe des libertins ;

Sed in lege Do-
mini voluntas ejus , *
& in lege ejus medi-
tabitur die ac no-
&e.

Mais qui met toute ſon
affection dans la loi du Seigneur , & qui la médite
jour & nuit.

Et erit tanquam
lignum quod planta-
tum eſt ſecùs decur-
ſus aquarum , * quod
fructum ſuum dabit
in tempore ſuo ;

Il eſt ſemblable à un ar-
bre planté ſur le bord des
eaux courantes , qui porte
ſon fruit en ſon temps ,

Et folium ejus
non defluet ; * &
omnia quæcumque
faciet , proſperabun-
tur.

Dont la feuille ne tombe
point : & tout ce qu'il fait ,
réuſſira heureuſement.

Il n'en est pas ainsi des impies, il n'en est pas ainsi ; mais ils ressemblent à la poussiére que le vent emporte de dessus la terre.

Aussi les méchans ne pourront subsister au jugement, & les pécheurs n'auront point de place dans l'assemblée des justes ;

Parce que le Seigneur connoît la voie des justes : mais la voie des méchans périra.

PSEAUME 2.

POurquoi les nations se sont-elles assemblées en tumulte ? pourquoi les peuples forment - ils de vains projets ?

Les rois de la terre se sont élevés, & les princes ont conspiré contre le Seigneur , & contre son Christ.

Rompons leurs chaînes, disent-ils, & rejettons loin de nous le joug qu'ils veulent nous imposer.

Celui qui est assis dans le ciel , se rira d'eux : le Seigneur se moquera d'eux.

Alors il leur parlera dans sa colére, & il les épouvantera dans sa fureur.

Non sic impii , non sic ; * sed tanquam pulvis quem projicit ventus. à facie terræ.

Ideò non resurgent impii in judicio , * neque peccatores in concilio justorum ;

Quoniam novit Dominus viam justorum :* & iter impiorum peribit.

QUare fremuerunt gentes , * & populi meditati sunt inania ?

Astiterunt reges terræ ; & principes convenerunt in unum * adversùs Dominum, & adversùs Christum ejus.

Dirumpamus vincula eorum : * & projiciamus à nobis jugum ipsorum.

Qui habitat in cœlis , irridebit eos : * & Dominus subsannabit eos.

Tunc loquetur ad eos in ira sua , * & in furore suo conturbabit eos.

Ego autem constitutus sum rex ab eo super Sion montem sanctum ejus, * prædicans præceptum ejus.

Pour moi, il m'a établi le roi sur Sion sa montagne sainte ; & j'y annonce sa loi.

Dominus dixit ad me : * Filius meus es tu, ego hodie genui te.

Vous êtes mon Fils, m'a dit le Seigneur : je vous ai engendré aujourd'hui.

Postula à me, & dabo tibi gentes hæreditatem tuam, * & possessionem tuam terminos terræ.

Demandez-moi, & je vous donnerai les nations pour votre heritage, & toute l'étenduë de la terre pour la posséder.

Reges eos in virga ferrea, * & tanquam vas figuli confringes eos.

Vous les conduirez avec une verge de fer, & vous les briserez comme un vase d'argile.

Et nunc, reges, intelligite : * erudimini, qui judicatis terram.

Vous donc, ô rois, devenez intelligents : instruisez-vous, vous qui jugez la terre.

Servite Domino in timore, * & exultate ei cum tremore.

Servez le Seigneur avec crainte, & réjouissez-vous en lui avec tremblement.

Apprehendite disciplinam, nequando irascatur Dominus, * & pereatis de via justa.

Embrassez sa loi, de peur que le Seigneur ne s'irrite contre vous, & que vous ne périssiez en vous écartant de la droite voie.

Cùm exarserit in brevi ira ejus, * beati omnes qui confidunt in eo.

Sa colére s'allumera dans peu : heureux alors tous ceux qui mettent en lui leur confiance.

PSEAUME 3.

SEigneur, que le nombre de mes persécuteurs est grand ! que d'ennemis se sont élevés contre moi !

Plusieurs disent de moi : Il ne trouvera point en Dieu de protection.

Mais vous, Seigneur, vous êtes mon refuge, vous êtes ma gloire : c'est vous qui me faites marcher avec assurance.

J'ai poussé des cris vers le Seigneur, & il m'a exaucé de sa montagne sainte.

Je me suis couché, je me suis endormi, & je me suis réveillé ; parce que le Seigneur m'a soûtenu.

Je ne crains point ces millions d'hommes qui m'assiégent de toutes parts : levez-vous, Seigneur ; sauvez-moi, mon Dieu.

Vous avez frapé tous ceux qui se déclarent contre moi sans sujet : vous avez brisé les dents des pécheurs.

C'est du Seigneur qu'il faut attendre le salut : c'est sur votre peuple, ô mon Dieu, que vous répandez votre bénédiction.

DOmine, quid multiplicati sunt qui tribulant me ? * multi insurgunt adversùm me.

Multi dicunt animæ meæ : * Non est salus ipsi in Deo ejus.

Tu autem, Domine, susceptor meus es, * gloria mea, & exaltans caput meum.

Voce meâ ad Dominum clamavi, * & exaudivit me de monte sancto suo.

Ego dormivi, & soporatus sum ; * & exurrexi, quia Dominus suscepit me.

Non timebo millia populi circumdantis me : * exurge, Domine ; salvum me fac, Deus meus.

Quoniam tu percussisti omnes adversantes mihi sine causa ; * dentes peccatorum contrivisti.

Domini est salus; * & super populum tuum benedictio tua.

Diligam te, Domine, fortitudo mea : * Dominus firmamentum meum, & refugium meum, & liberator meus.

Deus meus adjutor meus ; * & sperabo in eum.

Protector meus, & cornu salutis meæ, * & susceptor meus.

Laudans invocabo Dominum ; * & ab inimicis meis salvus ero.

Circumdederunt me dolores mortis,* & torrentes iniquitatis conturbaverunt me.

Dolores inferni circumdederunt me : * præoccupaverunt me laquei mortis.

In tribulatione mea invocavi Dominum, * & ad Deum meum clamavi.

Et exaudivit de templo sancto sancto suo vocem meam ; *

JE vous aimerai, Seigneur, qui êtes ma force : le Seigneur est mon appui, mon refuge, & mon libérateur.

Mon Dieu est mon soûtien ; & j'espérerai en lui.

Il est mon protecteur, il est la force qui me sauve : c'est lui qui prend ma défense.

Je louerai le Seigneur, je l'invoquerai ; & je serai délivré de mes ennemis.

Les douleurs de la mort m'ont environné , & les torrens de l'iniquité m'ont épouvanté.

Les douleurs de l'enfer m'ont environné : les filets de la mort m'ont surpris.

J'ai invoqué le Seigneur dans mon affliction, & j'ai crié vers mon Dieu.

De son saint temple il a entendu ma voix ; & les cris que j'ai poussés en sa
présence,

préfence, font parvenus
jufqu'à lui.

La terre s'eft émue, &
a tremblé : les fondemens
des montagnes fe font
ébranlés par d'horribles fe-
couffes ; parce que Dieu a
fait fentir à mes ennemis
les effets de fa colére.

Sa colére a fait élever
des nuages orageufes : un
feu dévorant a paru fur
fon vifage : fa main a lancé fur eux des traits en-
flammés.

Il a abbaiffé les cieux ,
& il eft defcendu à mon
fecours : un nuage obfcur
étoit fous fes pieds.

Il eft monté fur les Ché-
rubins , & il a pris fon vol :
il a volé fur les ailes des
vents.

Il s'eft couvert de téné-
bres : les nuées épaiffes
dont il s'eft envelopé , lui
fervoient comme de pa-
villon.

Les éclairs qui bril-
loient devant lui , ont per-
cé les nuées : il en eft
tombé de la grêle & des
charbons de feu.

Le Seigneur a tonné du
haut du ciel ; le Très-

& clamor meus in
confpectu ejus in-
troivit in aures ejus.
Commota eft &
contremuit terra :
fundamenta mon-
tium conturbata
funt & commota
funt ; * quoniam ira-
tus eft eis.

Afcendit fumus in
ira ejus , & ignis à
facie ejus exarfit : *
carbones fuccenfi
funt ab eo.

Inclinavit cœlos i
& defcendit : * &
caligo fub pedibus
ejus.

Et afcendit fuper
Cherubim , & vola-
vit : * volavit fuper
pennas ventorum.

Et pofuit tenebras
latibulum fuum : in
circuitu ejus taber-
naculum ejus :*tene-
brofa aqua in nubi-
bus aeris.

Præ fulgore in
confpectu ejus nu-
bes tranfierunt ; *
grando & carbones
ignis.

Et intonuit de cœ-
Dominus , & Altif-

simus dedit vocem suam : * grando & carbones ignis.

Et misit sagittas suas , & dissipavit eos : * fulgura multiplicavit, & conturbavit eos.

Et apparuerunt fontes aquarum , * & revelata sunt fundamenta orbis terrarum ,

Ab increpatione tua , Domine , * ab inspiratione spiritûs iræ tuæ,

haut a fait retentir sa voix parmi la grêle & les charbons de feu.

Il a lancé ses fléches , & il a dissipé mes ennemis : il a fait tomber sur eux ses foudres , & il les a brisés.

On a vû les abysmes de la mer s'entr'ouvrir : les fondemens même de la terre ont été découverts ,

Par le bruit des menaces du Seigneur , & par le soufle impétueux de sa colére.

I. DIVISION DU PSEAUME 17.

MIsIt de summo [Dominus,] & accepit me , * & assumpsit me de aquis multis.

Eripuit me de inimicis meis fortissimis , & ab his qui oderunt me ; * quoniam confortati sunt super me.

Prævenerunt me in die afflictionis meæ ; * & factus est Dominus protector meus.

Et eduxit me in

LE Seigneur m'a tendu la main du haut du ciel : il m'a pris , & m'a retiré du milieu des grandes eaux.

Comme j'étois hors d'état de résister à des ennemis également puissans & acharnés contre moi , il m'a arraché d'entre leurs mains.

Ils m'ont attaqué les premiers au jour de mon affliction ; mais le Seigneur a été mon ferme appui.

Il m'a mis au large ; & il

m'a délivré , parce qu'il
m'aime.

C'est ainsi que le Sei-
gneur me rendra toujours
selon ma justice , & la pureté de mes actions.

Car j'ai gardé les voies
du Seigneur , & je n'ai
point commis d'infidélité
contre mon Dieu.

J'ai toujours ses jugo-
mens devant les yeux ; &
je ne m'écarte point de ce
que me prescrit sa loi.

Je serai pur & sans ta-
che devant lui , & je me
garderai de l'offenser.

Le Seigneur me rendra
toujours selon ma justice
& la pureté de mes ac-
tions , telle qu'elle paroît
devant ses yeux.

Vous êtes miséricor-
dieux avec ceux qui font
miséricorde , & juste avec
les justes.
Vous êtes bon avec les
bons , & sévere avec les
méchans.

latitudinem : * sal-
vum me fecit, quo-
niam voluit me.
Et retribuet mihi
Dominus secundum
justitiam meam ,* &
secundùm puritatem
manuum mearum
retribuet mihi ;
Quia custodivi
vias Domini , * nec
impiè gessi à Deo
meo.
Quoniam omnia
judicia ejus in con-
spectu meo ,* & ju-
stitias ejus non repu-
li à me.
Et ero immacula-
tus cum eo, * & ob-
servabo me ab ini-
quitate mea.
Et retribuet mihi
Dominus secundùm
justitiam meam , *
& secundùm purita-
tem manuum mea-
rum in conspectu
oculorum ejus.
Cum sancto san-
ctus eris , * & cum
viro innocente inno-
cens eris.
Et cum electo ele-
ctus eris , * & cum
perverso perverte-
ris.

Quoniam tu populum humilem falvum facies,* & oculos superborum humiliabis.

Vous sauverez les humbles, & vous humilierez les superbes.

Quoniam tu illuminas lucernam meam, Domine : * Deus meus, illumina tenebras meas.

C'eft vous, Seigneur, qui êtes ma lampe & ma lumiére : éclairez mes ténébres, ô mon Dieu.

Quoniam in te eripiar à tentatione ; * & in Deo meo tranfgrediar murum,

C'eft vous qui me délivrez de la tentation : foûtenu de mon Dieu, je repoufferai les plus rudes attaques de l'ennemi.

2. DIVISION DU PSEAUME 17.

DEus meus, impol'uta via ejus : eloquia Domini igne examinata :* protector eft omnium fperantium in fe.

LA voie de mon Dieu eft irrépréhenfible : la parole du Seigneur eft purifiée par le feu : il eft le protecteur de tous ceux qui efperent en lui.

Quoniã quis Deus præter Dominum ?* aut quis Deus præter Deum noftrum ?

Car y a-t'il un autre Dieu que le Seigneur ? y a-t'il un autre Dieu que notre Dieu ?

Deus qui præcinxit me virtute,* & pofuit immaculatam viam meam.

C'eft Dieu qui m'a revêtu de force, & qui m'a fait marcher dans l'innonocence.

Qui perfecit pedes meos tanquam cervorum, * & fuper excelfa ftatuens me.

C'eft lui qui a donné à mes pieds la légereté du cerf, & qui m'a mis en sûreté dans des lieux élevés.

C'eſt le Seigneur qui a inſtruit mes mains au combat : c'eſt vous, ô mon Dieu, qui avez fait de mon bras comme un arc d'airain.

C'eſt à votre protection que je dois mon ſalut : c'eſt votre bras tout-puiſſant qui m'a ſoûtenu.

Votre loi a toujours guidé mes pas : c'eſt elle qui réglera encore toutes mes démarches.

Vous avez élargi le chemin ſous mes pas ; & mes pieds n'ont point chancelé.

Je pourſuivrai mes ennemis, je les joindrai ; & je ne reviendrai qu'après les avoir exterminés.

Je les percerai de coups, & ils tomberont à mes pieds, ſans pouvoir ſe relever.

Vous m'avez revêtu de force pour combatre ; & vous avez fait plier ceux qui s'oppoſoient à moi.

Vous avez fait tourner le dos à mes ennemis ; & vous avez exterminé ceux qui me haïſſoient.

Ils ont appellé à leur ſe-

Qui docet manus meas ad prælium :* & poſuiſti ut arcum æreum brachia mea.

Et dediſti mihi protectionem ſalutis tuæ ; * & dextera tua ſuſcepit me.

Et diſciplina tua correxit me in finem ; * & diſciplina tua ipſa me docebit.

Dilataſti greſſus meos ſubtus me;* & non ſunt infirmata veſtigia mea.

Perſequar inimicos meos, & comprehendam illos ; * non convertar, donec deficiant.

Confringam illos, nec poterunt ſtare :* cadent ſubtus pedes meos.

Et præcinxiſti me virtute ad bellum ;* & ſupplantaſti inſurgentes in me ſubtus me.

Et inimicos meos dediſti mihi dorſum ; * & odientes me diſperdidiſti.

Clamaverunt, nec

erat qui salvos faceret ; * ad Dominum, nec exaudivit eos.

Et comminuam eos ut pulverem ante faciem venti : * ut lutum platearum delebo eos.

Eripies me de contradictionibus populi : * constitues me in caput gentium.

Populus quem non cognovi , servivit mihi : * in auditu auris obedivit mihi.

Filii alieni mentiti sunt mihi : * filii alieni inveterati sunt , & claudicaverunt à semitis suis.

Vivit Dominus , & benedictus Deus meus ; * & exaltetur Deus salutis meæ.

Deus , qui das vindictas mihi , & subdis populos sub me : * liberator meus de inimicis meis iracundis.

cours ; mais il ne s'est trouvé personne pour les délivrer : ils ont crié au Seigneur ; mais il ne les a point écoutés.

Comme le vent emporte la poussiére , & desséche la boue des rues ; j'ai dissipé mes ennemis , & les ai fait disparoître.

Vous m'avez délivré des contradictions de mon peuple : vous m'avez établi le chef des nations.

Un peuple que je ne connoissois pas , s'est soumis à mon empire : il m'a obéi , dès qu'il a entendu parler de moi.

Les enfans dèvenus étrangers m'ont manqué de fidélité : ces enfans étrangers ont vieilli comme des branches desséchées : ils ont été chassés des lieux où ils se tenoient enfermés.

Vive le Seigneur , & que mon Dieu soit beni : que le Dieu qui me sauve , soit glorifié.

C'est vous, ô mon Dieu, qui prenez soin de me venger , & qui m'assujettissez les peuples : c'est vous qui m'avez délivré de la fureur de mes ennemis.

Vous m'avez même placé au dessus de ceux qui s'élevoient contre moi : vous m'avez délivré des pourſuites des méchans.

C'eſt pourquoi , Seigneur , je vous en rendrai des actions de graces parmi les nations , & je chanterai des cantiques à l'honneur de votre nom.

Dieu ſauve ſon roi avec éclat : il fait miſéricorde à David ſon chriſt , & à ſa poſtérité dans le cours de tous les ſiécles.

Et ab inſurgentibus in me exaltabis me : * à viro iniquo eripies me.

Proptereà confitebor tibi in nationibus , Domine ; * & nomini tuo pſalmum dicam.

Magnificans ſalutes regis ejus , * & faciens miſericordiam Chriſto ſuo David , & ſemini ejus uſque in ſeculum.

AU III. NOCTURNE.

PSEAUME 27.

SEigneur , je vous adreſſe mes cris : ne demeurez pas dans le ſilence , ô mon Dieu , & ne refuſez pas de me répondre ; autrement je deviendrois ſemblable à ceux qui tombent dans l'abyſme.

Daignez , Seigneur , écouter les cris de ma priére , lorſque j'ai recours à vous , lorſque j'éleve mes mains vers votre ſaint temple.

AD te , Domine , clamabo ; Deus meus , ne ſileas à me : * nequando taceas à me , & aſſimilabor deſcendentibus in lacum.

Exaudi , Domine , vocem deprecationis meæ , dum oro ad te , * dum extollo manus meas ad templum ſanctum tuum.

B iv

Ne simul trahas me cum peccatoribus ; * & cum operantibus iniquitatem ne perdas me.

Ne m'envelopez pas avec les méchans ; & ne me perdez pas avec ceux qui commettent l'iniquité.

Qui loquuntur pacem cum proximo suo ; * mala autem in cordibus eorum.

Ils tiennent à leur prochain des discours de paix; mais leur cœur est plein de malignité.

Da illis secundùm opera eorum , * & secundùm nequitiam adinventionum ipsorum.

Traitez-les selon leurs œuvres , & selon la malice de leurs desseins.

Secundùm opera manuum eorum tribue illis : * redde retributionem eorum ipsis.

Rendez-leur selon les œuvres de leurs mains : rendez-leur ce qu'ils méritent.

Quoniam non intellexerunt opera Domini , & in opera manuum ejus : * destrues illos, & non ædificabis eos.

Parce qu'ils n'ont point compris les ouvrages du Seigneur , les ouvrages de ses mains ; il les détruira , & ne les rétablira point.

Benedictus Dominus , * quoniam exaudivit vocem deprecationis meæ.

Béni soit le Seigneur, de ce qu'il a exaucé ma priére.

Dominus adjutor meus & protector meus : * in ipso speravit cor meum, & adjutus sum.

Le Seigneur est mon protecteur & mon appui : mon cœur a mis sa confiance en lui , & j'en ai été secouru.

Et refloruit caro mea ; * & ex voluntate mea confitebor ei.

Ma chair a pris une nouvelle vigueur ; & j'en rendrai graces à mon Dieu du fond de mon cœur.

Le Seigneur est la force de son peuple : il est le protecteur & le Sauveur de son Christ.

Seigneur , sauvez votre peuple , & bénissez votre heritage : soyez leur pasteur , & soûtenez-les jusque dans l'éternité.

Dominus fortitudo plebis suæ , * & protector salvationum Christi sui est.

Salvum fac populum tuum , Domine, & benedic hæreditati tuæ : * & rege eos , & extolle illos usque in æternum.

PSEAUME 29.

JE vous louerai , Seigneur , de ce que vous avez pris soin de moi , & que vous n'avez pas voulu que je fusse un sujet de joie pour mes ennemis.

Seigneur mon Dieu , je vous ai adressé mes cris; & vous m'avez guéri.

Seigneur , vous m'avez tiré du tombeau : vous m'avez séparé du nombre de ceux qui descendent dans le sépulcre.

Saints du Seigneur , chantez ses louanges , & célébrez la sainteté de son nom.

Le châtiment est la suite de son indignation , & la vie est l'effet de sa bonté.

Le soir on est dans les pleurs , & le matin dans la joie.

EXaltabo te, Domine , quoniam suscepisti me , * nec delectasti inimicos meos super me.

Domine Deus meus , clamavi ad te ; * & sanasti me.

Domine, eduxisti ab inferno animam meam : * salvasti me à descendentibus in lacum.

Psallite Domino , sancti ejus , * & confitemini memoriæ sanctitatis ejus.

Quoniam ira in indignatione ejus , * & vita in voluntate ejus.

Ad vesperum demorabitur fletus , * & ad matutinum lætitia.

B

Ego autem dixi in abundantia mea : * Non movebor in æternum.

Lorsque j'étois dans l'abondance & la paix, je me disois à moi-même : Je ne serai jamais ébranlé.

Domine, in voluntate tua * præstitisti decori meo virtutem.

C'étoit votre bonté, Seigneur, qui m'avoit mis dans l'état brillant où j'étois.

Avertisti faciem tuam à me ; * & factus sum conturbatus.

Vous avez détourné votre visage de dessus moi ; & j'ai été dans le trouble.

Ad te, Domine, clamabo, * & ad Deum meum deprecabor.

J'ai poussé des cris vers vous, Seigneur, & je vous ai adressé ma priére.

Quæ utilitas in sanguine meo, * dum descendo in corruptionem ?

De quoi vous servira la perte de mon sang & de ma vie ? que gagnerez-vous, si je descends dans le tombeau ?

Numquid confitebitur tibi pulvis ? * aut annuntiabit veritatem tuam ?

La poussiére vous louera-t'elle ? annoncera-t'elle votre vérité ?

Audivit Dominus, & misertus est meî : * Dominus factus est adjutor meus.

Le Seigneur m'a entendu, & a eu pitié de moi : le Seigneur s'est déclaré mon protecteur.

Convertisti planctum meum in gaudium mihi : * conscidisti saccum meũ, & circumdedisti me lætitiâ ;

Vous avez changé mes gémissemens en un chant de réjouissance : vous avez déchiré le sac que je portois, pour me revêtir d'un habit de joie.

Ut cantet tibi glo-

Vous avez voulu que

délivré de mes inquiétu-
des, je misse ma gloire à
chanter vos louanges : Seigneur mon Dieu, je vous
rendrai d'éternelles actions
de graces.

PSEAUME 65.

PEuples de toute la ter-
re, poussez vers Dieu
des cris d'allegresse : chantez des cantiques en son
honneur : mettez votre
gloire à le louer.

Dites à Dieu : Que vous
êtes terrible dans vos œuvres ! vos ennemis n'op-
posent à votre puissance
que de vains efforts qui
trompent leur attente.

Que toute la terre vous
adore, & qu'elle chante
vos louanges : qu'elle célébre votre nom dans ses
cantiques.

Venez & voyez les œu-
vres de Dieu : voyez com-
bien est terrible sa conduite sur les enfans des hommes.

Il a seché la mer ; il a
fait passer le fleuve à pied
sec : c'est ce qui fait le sujet de notre joie & de nos
actions de graces.

Il domine dans tous les
siécles par sa puissance ; ses

JUbilate Deo, om-
nis terra ; psal-
mum dicite nomini
ejus : * date gloriam
laudi ejus.

Dicite Deo :
Quàm terribilia sunt
opera tua, Domi-
ne ! * in multitudine
virtutis tuæ men-
tientur tibi inimici
tui.

Omnis terra ado-
ret te, & psallat
tibi : * psalmum di-
cat nomini tuo.

Venite, & vide-
te opera Dei : * ter-
ribilis in consiliis su-
per filios hominum.

Qui convertit ma-
re in aridam ; in flu-
mine pertransibunt
pede : * ibi lætabi-
mur in ipso.

Qui dominatur in
virtute sua in æter-

num ; oculi ejus super gentes respiciunt : * qui exasperant , non exaltentur in semetipsis.

yeux sont attentifs sur les nations : que ceux qui lui sont rebelles , ne s'élevent point d'orgueil.

Benedicite, gentes , Deum nostrum ; * & auditam facite vocem laudis ejus.

Peuples, bénissez notre Dieu ; & faites retentir par-tout ses louanges.

Qui posuit animam meam ad vitam , * & non dedit in commotionem pedes meos.

C'est lui qui a mis ma vie en sûreté , & qui n'a pas permis que mes pieds fussent ébranlés.

Quoniam probasti nos , Deus : * igne nos examinasti, sicut examinatur argentum.

Vous nous avez éprouvés , ô mon Dieu : vous nous avez éprouvés par le feu , comme on éprouve l'argent.

Induxisti nos in laqueum : posuisti tribulationes in dorso nostro : * imposuisti homines super capita nostra.

Vous nous avez engagés dans les filets de nos ennemis : vous avez accablé nos épaules de pesans fardeaux : vous avez mis sur nos têtes des hommes méprisables.

Transivimus per ignem & aquam ; * & eduxisti nos in refrigerium.

Nous avons passé par le feu & l'eau ; mais vous nous avez enfin conduits dans un lieu de rafraichissement.

Introibo in domum tuam in holocaustis : * reddam tibi vota mea ,

J'entrerai dans votre maison pour vous offrir des holocaustes : j'y accomplirai les vœux,

Quæ distinxerunt.

Que mes lévres ont

prononcés , & que ma bouche vous a faits , lorsque j'étois dans l'affliction.

Je ferai monter vers vous l'odeur des holocaustes les plus gras : je brûlerai des béliers sur votre autel : je vous sacrifierai des bœufs & des boucs.

Venez , écoutez, vous tous qui craignez Dieu ; & je vous raconterai tout ce qu'il a fait en ma faveur.

Ma bouche a poussé des crîs vers mon Dieu, & ma langue l'a glorifié.

Si j'avois reconnu l'iniquité dans mon cœur , sans la détester , le Seigneur ne m'auroit pas exaucé.

Mais Dieu m'a exaucé ; il a écouté le cris de ma priére.

Béni soit Dieu qui n'a pas rejetté ma priére, ni retiré de moi sa miséricorde.

labia mea , & locutum est os meum * in tribulatione mea.

Holocausta medullata offeram tibi cum incenso arietom : * offeram tibi boves cum hircis.

Venite , audite , & narrabo , omnes qui timetis Deum , * quanta fecit animæ meæ.

Ad ipsum ore meo clamavi , * & exaltavi sub lingua mea.

Iniquitatem si aspexi in corde meo, * non exaudiet Dominus.

Proptereà exaudivit Deus , * & attendit voci deprecationis meæ.

Benedictus Deus,* qui non amovit orationem meam , & misericordiam suam à me

CANTIQUE.

NOus vous adorons , Dieu tout-puissant , & nous vous reconnoissons pour le Seigneur de l'univers.

TE Deum laudamus : te Dominum confitemur.

Te æternum Patrem * omnis terra veneratur.

Toute la terre vous révere comme le Pere & la source éternelle de tout être.

Tibi omnes Angeli , * tibi cœli & universæ Potestates;

Les Anges & toutes les Puissances célestes ;

Tibi Cherubim & Seraphim * incessabili voce proclamant :

Les Chérubins & les Séraphins chantent sans cesse pour vous rendre hommage :

Sanctus ,
Sanctus ,
Sanctus

Saint ,
Saint ,
Saint

Dominus * Deus sabaoth :

Est le Seigneur , le Dieu des armées.

Pleni sunt cœli & terra * majestatis gloriæ tuæ.

Les cieux & la terre sont remplis de la grandeur & de l'éclat de votre gloire.

Te gloriosus * Apostolorum chorus ,

L'illustre cœur des Apôtres ,

Te Prophetarum* laudabilis numerus ,

La respectable multitude des Prophétes ,

Te Martyrum candidatus * laudat exercitus.

La brillante armée des Martyrs célebrent vos louanges.

Te per orbem terrarum * sancta confitetur Ecclesia ,

L'Eglise sainte répandue par tout l'univers confesse & publie votre nom ,

Patrem * immensæ majestatis :

O Dieu , dont la majesté est infinie.

Venerandum tuũ verum , * & unicum Filium :

Elle adore votre Fils unique & véritable.

Et le Saint-Efprit confolateur.

Vous êtes le Roi de gloire, ô Jefus :

Vous êtes le Fils éternel du Pere.

Vous n'avez point dédaigné de vous revêtir de la nature humaine dans le fein d'une Vierge, pour fauver les hommes.

Vous avez brifé l'aiguillon de la mort, & vous avez ouvert aux fideles le royaume des cieux.

Vous êtes affis à la droite de Dieu dans la gloire de votre Pere.

Nous croyons que vous viendrez un jour juger l'univers.

Nous vous fupplions donc de fecourir vos ferviteurs, que vous avez rachetés de votre fang précieux.

Mettez-nous au nombre de vos Saints, pour jouir avec eux de la gloire éternelle.

Seigneur, fauvez votre peuple, & béniffez votre heritage.

Conduifez-les, & élevez-les jufque dans l'éternité bienheureufe.

Sanctum quoque * paracletum Spiritum.

Tu rex gloriæ, * Chrifte :

Tu Patris * fempiternus es Filius.

Tu, ad liberandum fufcepturus hominem, * non horruifti Virginis uterum.

Tu, devicto mortis aculeo, * aperuifti credentibus regna cœlorum.

Tu ad dexteram Dei fedes * in gloria Patris.

Judex crederis * effe venturus.

Te ergo quæfumus, famulis tuis fubveni, * quos pretiofo fanguine redemifti.

Æternâ fac * cum Sanctis tuis in gloriâ numerari.

Salvum fac populum tuum, Domine, * & benedic hæreditati tuæ.

Et rege eos, * & extolle illos ufque in æternum.

Per singulos dies * benedicimus te ;

Vous vous benissons tous les jours ;

Et laudamus nomen tuum in seculum, * & in seculum seculi.

Et nous louons votre nom à jamais, & dans la suite de tous les siécles.

Dignare, Domine, die isto * sine peccato nos custodire.

Daignez, Seigneur, nous conserver en ce jour purs & sans peché.

Miserere nostrî, Domine ; * miserere nostrî.

Ayez pitié de nous, Seigneur ; ayez pitié de nous.

Fiat misericordia tua, Domine, super nos, * quemadmodùm speravimus in te.

Répandez sur nous vos miséricordes, Seigneur, selon que nous avons espéré en vous.

In te, Domine, speravi : * non confundar in æternum.

Car c'est en vous, Seigneur, que j'ai mis mon espérance, ne permettez pas que je sois confondu à jamais.

A LAUDES.

℣. Deus, in adjutorium meum intende : ℟. Domine, ad adjuvandū me festina.

℣. O Dieu, venez à mon aide : ℟. Hâtez-vous, Seigneur, de me secourir.

Gloria Patri, &c.

Gloire au Pere, &c.

PSEAUME 62.

Deus, Deus meus, * ad te de luce vigilo.

O Dieu, vous êtes mon Dieu : je vous cherche dès le point du jour.

Dans cette terre aride, sans route & sans eau, mon ame sent pour vous une soif ardente, & ma chair soupire vers vous.

Je vous vois dans votre sanctuaire, & je contemple votre puissance & votre gloire.

Parce que votre miséricorde m'est plus précieuse que la vie, mes lévres chanteront vos louanges.

C'est ainsi que je vous bénirai tant que je vivrai; & j'aurai toujours les mains élevées pour invoquer votre nom.

Que mon ame soit remplie & comme inondée de vos bénédictions, & ma langue fera sans cesse éclater vos louanges.

Quoique pendant la nuit je me souvienne de vous sur mon lit, je m'occupe encore le matin de votre grandeur.

Parce que vous êtes mon protecteur, je tressaille de joie sous l'ombre de vos ailes.

Mon ame se tient fortement attachée à vous,

Sitivit in te anima mea : quàm multipliciter tibi caro mea, * in terra deserta, & invia, & inaquosa.

Sic in sancto apparui tibi, * ut viderem virtutem tuam & gloriam tuam.

Quoniam melior est misericordia tua super vitas, * labia mea laudabunt te.

Sic benedicam te in vita mea, * & in nomine tuo levabo manus meas.

Sicut adipe & pinguedine repleatur anima mea : * & labiis exultationis laudabit os meum.

Si memor fui tui super stratum meû, * in matutinis meditabor in te.

Quia fuisti adjutor meus, * & in velamento alarum tuarum exultabo.

Adhæsit anima mea post te ; * me

ſuſcepit dextera tua.

& votre droite me ſoûtient.

Ipſi verò in vanum quæſierunt animam meam : * introibunt in inferiora terræ.

C'eſt en vain que mes ennemis me cherchent pour m'ôter la vie : ils deſcendront au plus profond de la terre.

Tradentur in manus gladii , * partes vulpium erunt.

Ils ſeront livrés à l'épée , & deviendront la proie des bêtes carnaciéres.

Rex verò lætabitur in Deo : laudabuntur omnes qui jurant in eo; * quia obſtructum eſt os loquentium iniqua.

Pour le Roi , il trouvera ſa joie en Dieu : tous ceux qui révérent le Seigneur , & jurent par lui , le glorifieront de ce qu'il aura fermé la bouche des calomniateurs.

PSEAUME 69.

DEus , in adjutorium meum intende : * Domine , ad adjuvandum me feſtina.

ODieu , venez à mon aide : hâtez - vous , Seigneur , de me ſecourir.

Confundantur & revereantur * qui quærunt animam meam.

Que ceux qui cherchent à m'ôter la vie , ſoient couverts de honte & de confuſion.

Avertantur retrorsùm & erubeſcant, * qui volunt mihi mala.

Que ceux qui veulent ma perte , ſoient renverſés & livrés à l'ignominie.

Avertantur ſtatim erubeſcentes , * qui dicunt mihi : Euge, euge.

Que ceux qui diſent en inſultant à mes maux , Réjouiſſons-nous, réjouiſſons-nous, aient la honte de fuir devant moi.

Que tous ceux qui vous cherchent, trouvent leur joie en vous ; que ceux qui n'attendent leur salut que de vous, disent sans cesse : Que le Seigneur soit glorifié.

Pour moi, je suis pauvre & affligé : venez à mon secours, ô mon Dieu.

Vous êtes mon appui & mon libérateur : Seigneur, ne différez pas.

Exultent & lætentur in te omnes qui quærunt te ; * & dicant semper, Magnificetur Dominus, qui diligunt salutare tuum.

Ego verò egenus & pauper sum : * Deus, adjuva me.

Adjutor meus & liberator meus es tu : * Domine, ne moreris.

PSEAUME 99.

PEuples de toute la terre, poussez des cris de joie vers Dieu : servez le Seigneur avec allegresse.

Présentez-vous devant lui dans les transports d'une sainte joie.

Reconnoissez que le Seigneur est Dieu : c'est lui qui nous a faits, & nous ne nous sommes pas faits nous-mêmes.

Nous sommes son peuple, & les brebis qu'il nourrit ; entrez dans son temple en célébrant ses louanges : chantez des hymnes en son honneur dans sa maison sainte : rendez-lui des actions de graces publiques & solemnelles.

JUbilate Deo, omnis terra : * servite Domino in lætitia.

Introite in conspectu ejus * in exultatione.

Scitote quoniam Dominus ipse est Deus : * ipse fecit nos, & non ipsi nos.

Populus ejus, & oves pascuæ ejus : introite portas ejus in confessione, atria ejus in hymnis : * confitemini illi.

Laudate nomen ejus, * quoniam suavis est Dominus.

In æternum misericordia ejus, * & usque in generationem & generationem veritas ejus.

Bénissez le nom du Seigneur, parce qu'il est plein de bonté.

Sa miséricerde est éternelle, & la vérité de ses promesses passe de siécle en siécle.

CANTIQUE DES TROIS ENFANS. *Dan.* 3.

BEnedicite, omnia opera Domini, Domino : * laudate & superexaltate eum in secula.

Benedicite, Angeli Domini, Domino : * benedicite, cœli, Domino.

Benedicite, aquæ omnes quæ super cœlos sunt, Domino : * benedicite, omnes virtutes Domini, Domino.

Benedicite, sol & luna, Domino : * benedicite, stellæ cœli, Domino.

Benedicite, omnis imber & ros, Domino : * benedicite, omnes spiritus Dei, Domino.

Benedicite, ignis

OUvrages du Seigneur, bénissez - le tous : louez le Seigneur, & faites connoître sa grandeur à tous les siécles.

Anges du Seigneur, bénissez le Seigneur : cieux, bénissez le Seigneur.

Eaux qui êtes suspendues au dessus de l'air, bénissez toutes le Seigneur : Puissances du Seigneur, bénissez le toutes.

Soleil & lune, bénissez le Seigneur : étoiles du ciel, bénissez le Seigneur.

Pluies & rosées, bénissez toutes le Seigneur : vents impétueux, bénissez tous le Seigneur.

Feux & chaleurs de

l'été, béniffez le Seigneur: froids & rigueurs de l'hiver, béniffez le Seigneur.

Brouillards humides & bruines, béniffez le Seigneus : gelées & frimats, béniffez le Seigneur.

Glaces & neiges, béniffez le Seigneur : nuits & jours, béniffez le Seigneur.

Lumiére & ténebres, béniffez le Seigneur : éclairs & nuages, béniffez le Seigneur.

Que la terre béniffe le Seigneur : qu'elle le loüe, & qu'elle publie fa fouveraine grandeur dans tous les fiécles.

Montagnes & collines, béniffez le Seigneur : herbes & plantes qui naiffez de la terre, béniffez toutes le Seigneur.

Fontaines, béniffez le Seigneur : mers & fleuves, béniffez le Seigneur.

Baleines, & vous animaux qui vivez dans les eaux, béniffez le Seigneur : oifeaux du ciel,

& æftus, Domino: * benedicite, frigus & æftus, Domino.

Benedicite, rores & pruina, Domino : * benedicite . gelu & frigus, Domino.

Benedicite, glacies & nives, Domino : * benedicite, noctes & dies, Domino.

Benedicite, lux & tenebræ, Domino : * benedicite, fulgura & nubes, Domino.

Benedicat terra Dominum : * laudet & fuperexaltet eum in fecula.

Benedicite, montes & & colles, Domino : * benedicite, univerfa germinantia in terra, Domino.

Benedicite, fontes, Domino : * benedicite, maria & flumina, Domino.

Benedicite, cete & omnia quæ moventur in aquis, Domino : * benedicite, omnes volucres cœli, Domino.

Benedicite, omnes bestiæ & pecora, Domino : * benedicite, filii hominum, Domino.

Benedicat Israel Dominum : * laudet & superexaltet eum in secula.

Benedicite, sacerdotes Domini, Domino :* benedicite, servi Domini, Domino.

Benedicite, spiritus & animæ justorum, Domino :*benedicite, sancti & humiles corde, Domino.

Benedicite, Anania, Azaria, Misael Domino : * laudate & superexaltate eum in secula.

bénissez tous le Seigneur.

Bêtes privées & sauvages, bénissez le Seigneur : enfans des hommes, bénissez le Seigneur.

Qu'Israel bénisse le Seigneur : qu'il le loüe, & qu'il fasse connoître sa puissance à tous les siécles.

Prêtres du Seigneur, bénissez-le : serviteurs du Seigneur, bénissez le Seigneur.

Esprits & ames des justes, bénissez le Seigneur : saints & humbles de cœur, bénissez le Seigneur.

Ananie, Azarie & Misaël, bénissez le Seigneur : louez-le, & faites connoître sa grandeur souveraine à tous les siécles

Au lieu de Gloria Patri. *on dit :*

Benedicamus Patrem & Filium cum sancto Spiritu :*laudemus & superexaltemus eum in secula.

Benedictus es, Domine, in firmamento cœli ;*& lau-

Bénissons le Pere & le Fils avec le Saint Esprit : célébrons les louanges & la gloire de Dieu éternellement.

Seigneur, vous êtes beni dans les cieux : vous êtes digne de toute sorte

de louanges, d'honneur & de gloire dans tous les siécles.

PSEAUME 148.

VOus qui êtes dans les cieux, louez le Seigneur : louez-le au plus haut du firmament.

Anges du Seigneur, louez-le tous : Puissances & armées du Seigneur, louez-le toutes.

Soleil & lune, louez le Seigneur ; étoiles brillantes, louez toutes le Seigneur.

Cieux des cieux, louez le Seigneur ; & que les eaux qui sont au dessus des airs, loüent le nom du Seigneur :

Car il a parlé, & tout a été fait ; il a commandé, & tout a été créé.

Il a établi les corps célestes pour durer dans la suite de tous les siécles : il leur a donné des loix qu'ils ne violeront pas.

Louez le Seigneur, vous qui êtes sur la terre : dragons & abysmes des eaux, louez le Seigneur.

Feux & grêles, neiges & vapeurs, vents & tour-

dabilis, & gloriosus, & superexaltatus in secula.

LAudate Dominum, de cœlis : * laudate eum in excelsis.

Laudate eum, omnes Angeli ejus : * laudate eum, omnes Virtutes ejus.

Laudate eum, sol & luna : * laudate eum, omnes stellæ & lumen.

Laudate eum, cœli cœlorum ; * & aquæ omnes quæ super cœlos sunt, laudent nomen Domini :

Quia ipse dixit, & facta sunt ; * ipse mandavit & creata sunt.

Statuit ea in æternum ; & in seculum seculi : * præceptum posuit, & non præteribit.

Laudate Dominum, de terra ; * dracones, & omnes abyssi.

Ignis, grando, nix, glacies, spiritus procellarum, * quæ faciunt verbum ejus :

Montes & omnes colles ;* ligna fructifera, & omnes cedri :

Beſtiæ,& univerſa pecora ; * ſerpentes, & volucres pennatæ :

Reges terræ, & omnes populi ; * principes, & omnes judices terræ :

Juvenes & virgines, ſenes cum junioribus laudent nomen Domini ; * quia exaltatum eſt nomen ejus ſolius.

Confeſſio ejus ſuper cœlum & terram ; * & exaltavit cornu populi ſui.

Hymnus omnibus ſanctis ejus , * filiis Iſrael , populo appropinquanti ſibi.

billons qui exécutez les ordres du Seigneur , louez-le.

Que les montagnes & toutes les collines ; les arbres fruitiers & tous les cédres :

Que les bêtes ſauvages & tous les animaux domeſtiques ; les reptiles & les oiſeaux qui volent :

Que les rois de la terre , & tous les peuples ; les princes , & tous les juges de la terre :

Que les jeunes hommes & les filles , les vieillards & les enfans loüent le nom du Seigneur ; parce qu'il n'y a que ſon nom de grand.

Sa grandeur eſt au deſſus des louanges du ciel & de la terre ; c'eſt lui qui a élevé ſon peuple en puiſſance & en gloire.

Que tous ſes Saints le loüent , les enfans d'Iſraël, le peuple qui approche de lui.

Ant. Capit. &c. au Propre.

CANTIQUE DE ZACHARIE. *Luc, 1.*

BEnedictus Dominus Deus Iſrael , * quia viſitavit, & fecit redemptionem plebis ſuæ ;

BEni ſoit le Seigneur , le Dieu d'Iſraël, de ce qu'il a viſité & racheté ſon peuple ;

De

De ce qu'il nous a fufci-
té un puiffant Sauveur
dans la maifon de David
fon ferviteur,

Selon la promeffe qu'il
avoit faite par la bouche
de fes faints Prophétes
qui ont été dans les fiécles
paffés,

De nous délivrer des
mains de nos ennemis, &
de tous ceux qui nous haïffent ;

En ufant de miféricor-
de envers nos peres, &
en fe fouvenant de fon alliance fainte,

Et du ferment par le-
quel il a promis à Abra-
ham notre pere, qu'il nous
feroit cette grace,

Qu'étant délivrés de la
puiffance de nos ennemis,
nous le fervirions fans
crainte,

Marchant en fa préfen-
ce dans la fainteté & dans
la juftice tous les jours de
notre vie.

Et vous, petit enfant,
vous ferez appellé le Prophéte du Très-haut : car
vous irez devant le Sei-
gneur pour lui préparer les
voies ;

Pour donner à fon peu-

Et erexit cornu
falutis nobis * in do-
mo David pueri fui.

Sicut locutus eft
per os fanctorum, *
qui à feculo funt,
Prophetarum ejus.

Salutem ex inimi-
cis noftris, * & de
manu omnium qui
oderunt nos ;

Ad faciendam mi-
fericordiam cum pa-
tribus noftris, * &
memorari teftamen-
ti fui fancti :

Jusjurandum quod
juravit ad Abraham
patrem noftrum, *
daturum fe nobis ;

Ut fine timore, de
manu inimicorum
noftrorum liberati,*
ferviamus illi,

In fanctitate &
juftitia coram ip-
fo * omnibus diebus
noftris.

Et tu, puer, Pro-
pheta Altiffimi vo-
caberis : * præibis
enim ante faciem
Domini parare vias
ejus ;

Ad dandam fcien-

C

tiam salutis plebi ejus, * in remissionem peccatorum eorum,

ple la connoissance du salut, afin qu'ils obtiennent la remission de leurs pechés,

Per viscera misericordiæ Dei nostri, * in quibus visitavit nos Oriens ex alto :

Par les entrailles de la miséricorde de notre Dieu, par lesquelles ce Soleil levant est venu d'en-haut nous visiter ;

Illuminare his qui in tenebris & in umbra mortis sedent, * ad dirigendos pedes nostros in viam pacis,

Pour éclairer ceux qui habitent dans les ténébres & dans l'ombre de la mort, & pour conduire nos pas dans le chemin de la paix,

L'Ant. & l'Oraison au Propre.

Dominus vobiscum, &c. Benedicamus, &c.

En finissant chaque Heure, on dit à voix basse :

Fidelium animæ per misericordiam Dei requiescant in pace. Amen.

Que par la miséricorde de Dieu, les ames des Fideles reposent en paix. Amen.

A PRIME.

Pater noster. Ave, Maria.

℣. Deus, in adjutorium, &c.

HYMNE.

JAM lucis orto sidere, Deum precemur supplices, Nostras ut ipse dirigat,

LA lumiére brillante de l'astre du jour nous invite à offrir à Dieu de ferventes priéres : supplions la Lumiére éternelle de conduire elle-même nos pas, & de nous faire marcher dans ses sentiers.

Que nos lévres soient pures, & nos mains innocentes : que notre esprit ne s'occupe que d'utiles pensées : que la vérité ennemie de tout déguisement soit toujours dans notre bouche, & que la charité régne dans nos cœurs.

Protégez - nous, Seigneur, pendant le cours de cette journée, & veillez sans cesse à la garde de nos sens, dont l'ennemi cruel assiége l'entrée de toute part.

Faites que notre travail pendant ce jour soit consacré à votre gloire ; & que nous terminions heureusement par votre grace, ce que nous avons saintement commencé par son secours.

Que l'usage sobre des alimens rende notre chair tranquille & soumise ; de peur que devenant orgueilleuse & rébelle, elle n'exerce sur l'esprit un empire tyrannique.

Lux ince[...] semitas.

NIL lingua, nil peccet manus, Nil mens inane cogitet : In ore simplex veritas, In corde regnet caritas.

INCŒPTA dum fluet dies, O Christe, custos pervigil, Quas sævus hostis obsidet, Portas tuere sensuum.

PRÆSTA diurnus ut, tuæ Subserviat laudi labor : Auctore quæ te cœpimus, Da, te favente, prosequi.

SUPERBA ne nimis caro Menti licenter imperet, Carnis domet superbiam Potûs cibique parcitas.

Qui natus es de Virgine,
Jesu, tibi sit gloria
Cum Patre, cumque Spiritu,
In sempiterna secula. Amen.

Gloire à vous, ô Jesus, qui êtes né d'une Vierge; soyez honoré avec le Pere, & le Saint-Esprit, dans tous les siécles des siécles. Amen.

PSEAUME 117.

Confitemini Domino, quoniã bonus; * quoniam in seculum misericordia ejus.

Dicat nunc Israel quoniam bonus; * quoniam in seculum misericordia ejus.

Dicat nunc domus Aaron, * quoniam in seculum misericordia ejus.

Dicant nunc qui timent Dominum, * quoniam in seculum misericordia ejus.

De tribulatione invocavi Dominum, * & exaudivit me in latitudine Dominus.

Dominus mihi adjutor; * non timebo quid faciat mihi homo.

Rendez gloire au Seigneur, parce qu'il est bon; parce que sa miséricorde est éternelle.

Qu'Israël dise maintenant que le Seigneur est bon, & que sa miséricorde est éternelle.

Que la maison d'Aaron dise maintenant, que sa miséricorde est éternelle.

Que ceux qui craignent le Seigneur, disent maintenant que sa miséricorde est éternelle.

Dans l'affliction & la détresse j'ai invoqué le Seigneur, & le Seigneur m'a exaucé & mis au large.

Le Seigneur est mon soûtien; je ne craindrai rien de ce que l'homme pourra me faire,

Le Seigneur est mon soûtien, & je mépriserai mes ennemis.

Il vaut mieux mettre sa confiance dans le Seigneur, que de la mettre dans l'homme.

Il vaut mieux mettre son espérance dans le Seigneur, que de la mettre dans les princes.

Toutes les nations m'ont assiégé ; mais le Seigneur m'en a fait triompher.

Elles m'ont assiégé de toute part ; mais le Seigneur m'en a fait triompher.

Elles m'ont environné de tout côté comme des abeilles irritées : elles m'ont attaqué comme un feu qui brûle dans des épines ; mais le Seigneur m'en a fait triompher.

Mon ennemi m'a poussé avec effort, & j'étois près de tomber ; mais le Seigneur m'a soûtenu.

Le Seigneur est ma force, & le sujet de mes louanges ; c'est lui qui m'a sauvé.

Dominus mihi adjutor ; * & ego despiciam inimicos meos.

Bonum est confidere in Domino, * quàm confidere in homine.

Bonum est sperare in Domino, * quàm sperare in principibus.

Omnes gentes circuierunt me ; * & in nomine Domini quia ultus sum in eos.

Circumdantes circumdederunt me ; * & in nomine Domini, quia ultus sum in eos.

Circumdederunt me sicut apes, & exarserunt sicut ignis in spinis ; * & in nomine Domini quia ultus sum in eos.

Impulsus, eversus sum ut caderem ; * & Dominus suscepit me.

Fortitudo mea, & laus mea Dominus ; * & factus est mihi in salutem.

Vox exultationis & salutis * in tabernaculis justorum.

Des cris de joie & de victoire retentissent dans les tentes des justes.

Dextera Domini fecit virtutem ; dextera Domini exaltavit me : * dextera Domini fecit virtutem.

La droite du Seigneur a signalé sa force ; la droite du Seigneur a agi hautement en ma faveur : la droite du Seigneur a signalé sa force.

Non moriar, sed vivam, * & narrabo opera Domini.

Je ne mourrai pas, mais je vivrai, & je raconterai les œuvres du Seigneur.

Castigans castigavit me Dominus : * & morti non tradidit me.

Le Seigneur m'a châtié sévérement ; mais il ne m'a pas livré à la mort.

Aperite mihi portas justitiæ ; * ingressus in eas, confitebor Domino.

Ouvrez-moi les portes de la justice ; j'y entrerai pour rendre graces au Seigneur.

Hæc porta Domini ; * justi intrabunt eam.

C'est-là la porte du Seigneur ; les justes y entreront.

Confitebor tibi, quoniam exaudisti me, * & factus es mihi in salutem.

Je vous rendrai graces de ce que vous m'avez exaucé, & que vous êtes devenu mon Sauveur.

Lapidem quem reprobaverunt ædificantes, * hic factus est in caput anguli.

La pierre que les architectes avoient rejettée, est devenue la principale pierre de l'angle.

A Domino factum est istud, * & est mirabile in oculis nostris.

C'est l'ouvrage du Seigneur, & nos yeux le voient avec admiration.

Hæc est dies quam fecit Dominus, *

Voici le jour que le Seigneur a fait : célébrons-le

avec des transports de joie.

Sauvez-moi, Seigneur; Seigneur, regardez-moi favorablement : béni soit celui qui vient au nom du Seigneur.

Nous qui sommes de la maison du Seigneur, nous vous benissons : le Seigneur est le vrai Dieu, & il a fait luire sur nous une nouvelle lumiére.

Rendez ce jour solemnel, liez & amenez la victime jusqu'aux cornes de l'autel.

Vous êtes mon Dieu, & je vous rendrai mes actions de graces : vous êtes mon Dieu, & je vous glorifierai.

Je vous rendrai graces de ce que vous m'avez exaucé, & que vous êtes devenu mon Sauveur.

Rendez gloire au Seigneur, parce qu'il est bon ; parce que sa miséricorde est éternelle.

exultemus & lætemur in ea.

O Domine, salvum me fac ; ô Domine, bene prosperare : * benedictus qui venit in nomine Domini.

Benediximus vobis de domo Domini : * Deus Dominus, & illuxit nobis.

Constituite diem solemnem in condensis, * usque ad cornu altaris.

Deus meus es tu, & confitebor tibi :* Deus meus es tu, & exaltabo te.

Confitebor tibi, quoniam exaudisti me, * & factus es mihi in salutem.

Confitemini Domino, quoniam bonus ; * quoniam in seculum misericordia ejus.

PSEAUME 118.

Heureux ceux dont la conduite est pure, & qui reglent leurs démarches sur la loi du Seigneur.

Beati immaculati in via, * qui ambulant in lege Domini.

Beati qui ſcrutantur teſtimonia ejus,* in toto corde exquirunt eum.

Heureux ceux qui s'efforcent de connoître ſes ordonnances , & qui le cherchent de tout leur cœur.

Non enim qui operantur iniquitatem ,* in viis ejus ambulaverunt.

Car ceux qui commettent l'iniquité,ne marchent point dans ſes voies.

Tu mandaſti * mandata tua cuſtodiri nimis.

Vous avez ordonné , Seigneur , que votre loi ſoit gardée très-exactement.

Utinam dirigantur viæ meæ , * ad cuſtodiendas juſtificationes tuas!

Daignez conduire mes pas de telle ſorte , qu'ils tendent tous à l'obſervation de vos commandemens.

Tunc non confundar , * cùm perſpexero in omnibus mandatis tuis.

Je ne tomberai pas dans la confuſion , tant que j'aurai tous vos préceptes devant les yeux.

Confitebor tibi in directione cordis ; * in eo quòd didici judicia juſtitiæ tuæ.

Je vous louerai dans la ſincérité de mon cœur ; parce que j'ai été inſtruit de vos jugemens pleins de juſtice.

Juſtificationes tuas cuſtodiam ; * non me derelinquas uſquequaque.

Je garderai vos ordonnances ; ne m'abandonnez pas pour toujours.

In quo corrigit adoleſcentior viam ſuam ? * in cuſtodiendo ſermones tuos.

Comment l'homme dans ſa jeuneſſe peut-il rendre ſa vie pure & innocente ? c'eſt en obſervant votre loi.

In toto corde

Je vous ai cherché de

tout mon cœur : ne permettez pas que je m'égare de la voie de vos ordonnances.

Je tiens vos paroles cachées dans mon cœur, afin que je ne vous offense point.

Vous êtes digne de toute louange, Seigneur; enseignez-moi votre loi.

J'annoncerai par-tout les ordonnances que votre bouche a publiées.

Je fais mes délices de l'accomplissement de votre loi, comme d'autres mettent leur bonheur dans la possession des richesses.

Je m'occuperai de vos préceptes, & je tiendrai mes yeux arrêtés sur les voies qui menent à vous.

Je méditerai sur vos ordonnances; & je n'oublierai pas vos paroles.

meo exquisivi te : * ne repellas me à mandatis tuis.

In corde meo abscondi eloquia tua, * ut non peccem tibi.

Benedictus es, Domine; * doce me justificationes tuas.

In labiis meis * pronuntiavi omnia judicia oris tui.

In via testimoniorum tuorum delectatus sum, * sicut in omnibus divitiis.

In mandatis tuis exercebor, * & considerabo vias tuas.

In justificationibus tuis meditabor; * non obliviscar sermones tuos.

DIVISION DU PSEAUME 118.

REpandez vos graces sur votre serviteur, faites que je vive & que je garde vos commandemens.

Otez le voile qui couvre mes yeux; afin que

REtribue servo tuo, vivifica me; * & custodiam sermones tuos.

Revela oculos meos, * & conside-

C v

rabo mirabilia de lege tua.

Incola ego sum in terra, * non abscondas à me mandata tua.

Concupivit anima mea desiderare justificationes tuas * in omni tempore.

Increpasti superbos : * maledicti qui declinant à mandatis tuis.

Aufer à me opprobrium & contemptum ; * quia testimonia tua exquisivi.

Etenim sederunt principes, & adversùm me loquebantur : * servus autem tuus exercebatur in justificationibus tuis;

Nam & testimonia tua meditatio mea est, * & consilium meum justificationes tuæ.

Adhæsit pavimento anima mea : * vivifica me secundùm verbum tuum.

Vias meas enun-

je contemple les merveilles de votre loi.

Je suis sur la terre comme un voyageur & un étranger ; ne me cachez pas la connoissance de votre loi.

Mon ame est toute languissante du desir dont elle brûle sans cesse pour vos ordonnances.

Vous châtiez les superbes : ceux qui se détournent de vos commandemens, sont l'objet de vos malédictions.

Eloignez de moi l'opprobre & le mépris ; puisque je cherche à m'instruire de votre loi.

Je suis l'objet de la raillerie des princes & des grands : mais votre serviteur ne s'occupe que de vos préceptes ;

Car vos ordonnances sont le sujet de mes méditations, & vos préceptes sont mon conseil.

Mon ame est comme attachée à la terre : redonnez-moi la vie selon votre promesse.

Je vous ai toujours

consulté sur mes entre-
prises , & vous m'avez
fait entendre votre vo-
lonté:ne refusez pas maintenant de m'inftruire en-
core de vos ordonnances.

Apprenez-moi à vivre
felon vos préceptes ; &
je méditerai fur les mer-
veilles de votre loi.

Mon ame eft tombée
dans la langueur & l'en-
nui : fortifiez-moi felon
votre promeffe.

Détournez-moi du che-
min de l'iniquité , & donnez-moi par un effet de
votre miféricorde la con-
noiffance de votre loi.

J'ai choifi la voie de la
vérité ; & je n'ai point
oublié vos jugemens.

Je me tiens attaché à
vos commandemens, Sei-
gneur ; ne me laiffez pas
tomber dans la confufion.

Lorfque vous aurez di-
laté mon cœur, je cour-
rai avec joie dans la voie
de vos préceptes.

tiavi , & exaudifti
me : * doce me jufti-
ficationes tuas.

Viam juftificatio-
num tuarum inftrue-
me ; * & exerce-
bor in mirabilibus
tuis.

Dormitavit anima
mea præ tædio : *
confirma me in ver-
bis tuis.

Viam iniquitatis
amove à me, * &
de lege tua miferere
meî.

Viam veritatis ele-
gi ; * judicia tua non
fum oblitus.

Adhæfi teftimo-
niis tuis, Domine : *
noli me confundere.

Viam mandato-
rum tuorum cucur-
ri, * cùm dilatafti
cor meum.

L'Ant. au Propre.

CAPITULE. Ephef. 5.

VOus étiez autrefois
ténébres, mais main-
tenant vous êtes lumiére

ERatis aliquando
tenebræ ; nunc
autem lux in Domi-

no. Ut filii lucis ambulate; fructus enim lucis est in omni bonitate , & justitiâ , & veritate : probantes quid sit beneplacitum Deo.

en notre Seigneur. Conduisez vous donc comme des enfans de lumiére ; or le fruit de la lumiére consiste en toute sorte de bonté , de justice & de vérité.

Répons bref , au Propre.

℣. Exurge , Domine , adjuva nos ; ℟. Et redime nos propter nomen tuũ.

℣. Levez-vous , Seigneur , venez à notre secours ; ℟. Délivrez-nous pour la gloire de votre nom.

℣. Dominus vobiscum , ℟. Et cum spiritu tuo.

℣. Le Seigneur soit avec vous , ℟. Et avec votre esprit.

Oremus.

Prions.

DOmine Deus omnipotens,qui ad principium hujus diei nos pervenire fecisti , tuâ nos hodie salva virtute ; ut ad nullum declinemus peccatum , sed semper ad tuam justitiam faciendam nostra procedant eloquia , dirigantur cogitationes & opera ; Per Dominum nostrum Jesum Christum Filium tuum , qui tecum vivit & regnat in unitate Spiritûs sancti Deus.

SEigneur , Dieu tout-puissant , qui nous avez fait arriver au commencement de ce jour , conservez-ous aujourd'hui par votre puissance ; afin que nous ne nous laissions aller à aucun peché , mais que toutes nos paroles, nos pensées & nos actions étant conduites par votre grace , nous accomplissions les régles de votre justice ; Par notre Seigneur Jesus-Christ votre Fils , qui étant Dieu vit & regne avec vous en l'unité du Saint-Esprit, dans tous les siécles.

℣. Dominus vobiscum. ℣. Benedicamus, &c.

Pour l'Office Capitulaire.

On commence par la lecture du Martyrologe, après laquelle l'Officiant dit :

℣. La mort des Saints du Seigneur ℟. Est précieuse à ses yeux.

℣. Pretiosa in conspectu Domini, ℟. Mors Sanctorum ejus.

QUe la sainte Vierge Marie, & tous les Saints nous accordent le secours de leurs priéres auprès de Dieu ; afin que nous soyons saints dans toute la conduite de notre vie, comme celui qui nous a appellés est saint. ℟. Amen.

SAncta Maria, & omnes Sancti adjuvent nos in orationibus suis pro nobis ad Deum ; ut secundùm eum qui vocavit nos, Sanctum, & ipsi in omni conversatione sancti simus. ℟. Amen.

Lorsqu'on lit le Nécrologe, on dit après cette lecture le Pseaume suivant.

Pseaume 129.

DU profond de l'abysme, Seigneur, je pousse des cris vers vous : Seigneur, écoutez ma voix.

DE profundis clamavi ad te, Domine ; * Domine, exaudi vocem meam.

Que vos oreilles soient attentives à la voix de ma priére.

Fiant aures tuæ intendentes * in vocem deprecationis meæ.

Si vous tenez un compte exact des iniquités, ô mon Dieu ; qui pourra, Seigneur, subsister devant vous ?

Si iniquitates observaveris, Domine ; * Domine, quis sustinebit ?

Quia apud te propitiatio est, * & propter legem tuam sustinui te, Domine.

Sustinuit anima mea in verbo ejus : * speravit anima mea in Domino.

A custodia matutina usque ad noctem* speret Israel in Domino.

Quia apud Dominum misericordia, * & copiosa apud eum redemptio.

Et ipse redimet Israel * ex omnibus iniquitatibus ejus.

Requiem æternam dona eis, Domine ; * & lux perpetua luceat eis.

℣. Requiescant in pace. ℟. Amen.

℣. Domine, exaudi orationem meam ; ℟. Et clamor meus ad te veniat.

℣. Dominus vobiscum, ℟. & cum spiritu tuo.

Oremus.

ABsolve, quæsumus, Domine, animam * famuli N. [Sacerdotis *vel*

Mais vous êtes plein de miséricorde ; & j'espere en vous, Seigneur, à cause de votre loi.

Mon ame attend l'effet de vos promesses : mon ame a mis toute sa confiance dans le Seigneur.

Que depuis le matin jusqu'au soir, Israël espére au Seigneur.

Car le Seigneur est rempli de bonté ; & la rédemption qu'il nous a préparée, est abondante.

C'est lui qui rachetera Israël de toutes ses iniquités.

Seigneur, donnez-leur le repos éternel ; & faites luire sur eux votre éternelle lumiére.

℣. Qu'ils reposent en paix. ℟. Amen.

℣. Seigneur, éxaucez ma priére ; ℟. Et que mes cris aillent jusqu'à vous.

℣. Que le Seigneur soit avec vous, ℟. Et avec votre esprit.

Prions.

DAignez, Seigneur, délivrer de tous les liens du peché, l'ame de votre serviteur N. [Prêtre *ou* Evêque ,] [*ou* de votre servante N.] [*ou* , les ames de vos serviteurs N. & N.] [*ou* de vos servantes N. & N.] & les ames de tous ceux qui sont morts dans la foi ; afin qu'au jour de la résurrection glorieuse , ils joüissent dn repos éternel avec vos saints & vos élus : Nous vous en supplions par les mérites de celui qui doit venir juger les vivans & les morts , & le monde par le feu.

℟. Amen.

Pontificis,] [*vel* famulæ tuæ N.] [*vel* , animas * famulorum tuorum N. & N.] [*vel* famularum tuarum N. & N.]. & animas omnium fidelium defunctorum , ab omni vinculo delictorum ; ut in resurrectionis gloria , inter sanctos & electos tuos resuscitati respirent ; Per eum qui venturus est judicare vivos & mortuos , & seculum per ignem. ℟. Amen.

Ensuite on dit trois fois le ℣. & le ℟. qui suivent.

℣. O Dieu , venez à mon aide : ℟. Seigneur , hâtez-vous de me secourir.

℣. Deus , in adjutorium meum intende : ℟. Domine, ad adjuvandum me festina.

Gloire au Pere, &c.

Seigneur , ayez pitié de nous. Jesus , ayez pitié de nous. Seigneur , ayez pitié de nous.

Gloria Patri, &c. Kyrie, eleison. Christe , eleison. Kyrie, eleison.

Pater noster , &c. ℣. Et ne nos inducas , &c.

℣. Seigneur , jettez les yeux sur vos serviteurs , que vous avez créés ; & soyez vous-même le conducteur de leurs enfans. ℟. Que la lumiére du Sei-

℣. Respice in servos tuos, Domine , & in opera tua ; & dirige filios eorum. ℟. Et sit splendor Domini

Dei nostri super nos ; & opera manuum nostrarum dirige super nos , & opus manuum nostrarum dirige.

gneur notre Dieu se répande sur nous , & qu'elle nous éclaire dans toutes nos actions.

Gloria Patri , &c.

Gloire au Pere , &c.

Oremus.

Prions.

DIrigere & sanctificare , regere & gubernare , dignare , Domine Deus , Rex cœli & terræ , hodie corda & corpora nostra , sensus , sermones & actus nostros , in lege tua , & in operibus mandatorum tuorum ; ut hîc , & in æternum , te auxiliante , salvi & liberi esse mereamur , Salvator mundi ; Qui vivis & regnas in secula , &c.

SEigneur notre Dieu , Roi du ciel & de la terre , daignez régler & sanctifier, conduire & gouverner en ce jour nos cœurs & nos corps , nos sentimens , nos paroles & nos actions , selon votre loi , & dans l'obéissance à vos commandemens ; afin que nous soyons sauvés & délivrés en cette vie , & pendant l'éternité , par votre grace , ô Sauveur du monde ; Qui vivez & regnez dans tous les siécles des siécles.

℞. Amen.

Le Lecteur dit :

Jube , domne , benedicere.

Mon Pere , donnez-moi votre bénédiction.

Bened. Det Dominus leges suas in mentem nostram , & in corde nostro superscribat eas.

℞. Amen,

Bénéd. Que le Seigneur nous donne l'intelligence de ses loix saintes, & qu'il les grave dans notre cœur.

℞. Amen.

Le Canon au Propre.

℣. Notre secours est dans le nom du Seigneur, ℟. Qui a fait le ciel & la terre.

℣. Adjutorium nostrum in nomine Domini, ℟. Qui fecit cœlum & terram.

Il dit ensuite d'une voix basse :

℣. Bénissez. ℟. Que Dieu nous bénisse.

℣. Benedicite. ℟. Deus.

L'Officiant poursuit :

Que le Dieu de paix nous dispose à toute bonne œuvre ; afin que nous fassions sa volonté, lui-même faisant en nous ce qui lui est agréable.

℟. Amen.

Deus pacis aptet nos in omni bono, ut faciamus ejus voluntatem , faciens in nobis quod placeat coram se.

℟. Amen.

En finissant , on dit à voix basse :

Que par la miséricorde de Dieu , les ames des Fideles reposent en paix. Amen.

Fidelium animæ per misericordiam Dei requiescant in pace. Amen.

A TIERCE.

℣. Deus, in adjutorium , &c.

HYMNE.

ESprit saint , source féconde de l'amour divin , & l'origine des dons célestes ; venez par une effusion intime de vousmême allumer votre feu sacré dans nos cœurs.

Vous qui êtes l'amour éternel du Pere & du Fils,

OFons amoris ; Spiritus , O sancte donorum parens ; Tuas refusus intimis Accende flammas cordibus.

QUI caritatis vinculo

Cum Patre nectis Filium,
Et nos amoris mutui
Arctis coapta nexibus.

Qui natus es de Virgine,
Jesu, tibi sit gloria
Cum Patre, cumque Spiritu,
In sempiterna secula. Amen.

& qui les unissez par cet amour, unissez nous les uns aux autres par le lien étroit d'une charité mutuelle.

Gloire à vous, ô Jesus, qui êtes né d'une Vierge ; & soyez honoré avec le Pere, & le Saint-Esprit, dans tous les siécles des siécles. Amen.

Du Pseaume 118.

LEgem pone mihi, Domine, viam justificationum tuarum, * & exquiram eam semper.

Da mihi intellectum, & scrutabor legem tuam ; * & custodiam illam in toto corde meo.

Deduc me in semitam mandatorum tuorum;*quia ipsam volui.

Inclina cor meum in testimonia tua, * & non in avaritiam.

Averte oculos meos,ne videant vanitatem : * in via tua vivifica me.

ENseignez-moi, Seigneur, à vivre selon vos commandemens; afin que je les garde jusqu'à la fin de ma vie.

Donnez-moi l'intelligence de votre loi ; afin que je la médite, & que je l'observe de tout mon cœur.

Faites-moi marcher dans la voie de vos préceptes ; car c'est tout ce que je desire.

Portez mon cœur à l'observation de vos ordonnances, & non pas à l'avarice.

Détournez mes yeux des objets de la vanité : faites-moi vivre selon votre loi.

Affermiſſez. votre loi dans le cœur de votre ſerviteur , en lui donnant la crainte de vous déplaire.

Eloignez de moi l'op-probre que j'apprehende ; puiſque vos jugemens ſont pleins de douceur.

Vous voyez que je ne deſire que votre loi : fai-tes-moi vivre ſelon votre juſtice.

Seigneur , éxercez en-vers moi votre miſéricor-de : ſauvez-moi ſelon vos oracles ;

Afin que j'aie de quoi répondre à ceux qui me reprochent que j'eſpere en vos paroles.

Et ne m'ôtez pas le moyen de défendre la fidé-lité de vos promeſſes ; puiſque j'ai mis toute mon eſpérance dans vos juge-mens.

Je garderai toujours votre loi ; je la garderai éternellement.

Je marcherai au large comme dans un chemin ſpacieux , parce que je ne cherche qu'à accomplir vos préceptes.

Statue ſervo tuo eloquium tuum , * in timore tuo.

Amputa oppro-brium meum quod ſuſpicatus ſum ; * quia judicia tua ju-cunda.

Ecce concupivi mandata tua : * in æquitate tua vivifica me.

Et veniat ſuper me miſericordia tua , Domine , * ſalutare tuum ſecundùm elo-quium tuum.

Et reſpondebo exprobrantibus mihi verbum , * quia ſpe-ravi in ſermonibus tuis.

Et ne auferas de ore meo verbum veritatis uſquequa-que ; * quia in judi-ciis tuis ſuperſpera-vi.

Et cuſtodiam le-gem tuam ſemper, * in ſeculum , & in ſeculum ſeculi.

Et ambulabam in latitudine , * quia mandata tua exqui-ſivi.

Et loquebar de testimoniis tuis in conspectu regum ; * & non confundebar.

Je parlerai de votre loi devant les rois, sans en rougir.

Et meditabar in mandatis tuis, * quæ dilexi.

Je méditerai vos ordonnances, qui sont l'objet de mon amour.

Et levavi manus meas ad mandata tua quæ dilexi, * & exercebar in justificationibus tuis.

Je travaillerai à l'exécution de vos préceptes qui me sont si chers, & je m'occuperai de votre loi.

DIVISION DU PSEAUME 118.

MEmor esto verbi tui servo tuo, * in quo mihi spem dedisti.

SOuvenez-vous de la promesse que vous avez faite à votre serviteur, promesse qui m'a fait espérer en vous.

Hæc me consolata est in humilitate mea, * quia eloquium tuum vivificavit me.

Cette promesse a été ma consolation dans mes maux ; & votre parole m'a rendu la vie.

Superbi iniquè agebant usquequaque ; * à lege autem tua non declinavi.

Les superbes m'ont traité avec la derniére injustice, sans que je me sois détourné de votre loi.

Memor fui judiciorum tuorum à seculo, Domine ; * & consolatus sum.

Je me souviens des jugemens que vous avez exercés depuis le commencement du monde ; & j'y trouve ma consolation.

Defectio tenuit me * pro peccatoribus derelinquentibus legem tuam.

Je suis saisi d'horreur, en considérant l'état des méchans qui abandonnent votre loi.

Cantabiles mihi

Vos oracles me servent

de cantiques de réjouif-
fance dans le lieu de mon
exil.

Seigneur , je me fou-
viens de votre nom durant
la nuit ; & je garde vôtre
loi.

Ces avantages me font
venus de ce que j'obferve
vos commandemens.

Seigneur, ai-je dit , mon
partage eft de garder vo-
tre loi.

J'implore votre affiftan-
ce de tout mon cœur ;
ayez pitié de moi felon vos
promeffes.

J'ai fait réflexion fur mes
démarches , & j'ai tourné
mes pas vers la voie de vos
préceptes.

Je me fuis hâté d'accom-
plir fans délai vos ordonnances.

J'ai été affiégé d'une
troupe de méchans qui
ont voulu me perdre , fans
que j'aie oublié votre loi.

Je me léve au milieu de
la nuit pour vous louer
fur l'équité de vos juge-
mens.

Je fuis lié d'affection &

erant juftificationes
tuæ * in loco pere-
grinationis meæ.

Memor fui nocte
nominis tui , Domi-
ne ; * & cuftodivi le-
gem tuam.

Hæc facta eft mi-
hi ; * quia juftificatio-
nes tuas exquifivi.

Portio mea , Do-
mine , * dixi , cu-
ftodire legem tuam.

Deprecatus fum
faciem tuam in toto
corde meo ; * mifere-
re meî fecundùm
eloquium tuum.

Cogitavi vias
meas , * & converti
pedes meos in tefti-
monia tua.

Paratus fum , &
non fum turbatus , *
ut cuftodiam manda-
ta tua.

Funes peccato-
rum circumplexi
funt me ; * & legem
tuam non fum obli-
tus.

Mediâ nocte fur-
gebam ad confiten-
dum tibi * fuper ju-
dicia juftificationis
tuæ.

Particeps ego fum

omnium timentium te, * & custodientium mandata tua.

Misericordiâ tuâ, Domine, plena est terra ; * justificationes tuas doce me.

de société avec tous ceux qui vous craignent, & qui gardent vos commandemens.

Toute la terre, Seigneur, est remplie des effets de votre bonté ; ne me refusez pas de m'enseigner votre loi.

DIVISION DU PSEAUME 118.

BOnitatem fecisti cum servo tuo, Domine, * secundùm verbum tuum.

Bonitatem, & disciplinam, & scientiam doce ce ;* quia mandatis tuis credidi.

Priusquàm humiliarer, ego deliqui ;* proptereà eloquium tuum custodivi.

Bonus es tu ;* & in bonitate tua doce me justificationes tuas.

Multiplicata est super me iniquitas superborum : * ego autem in toto corde meo scrutabor mandata tua.

Coagulatum est

SEigneur, vous avez traité favorablement votre serviteur selon vos promesses.

Donnez-moi le goût & le discernement du bien : donnez-moi la véritable science ; parce que je me fie pleinement à vos promesses.

J'ai été dans l'égarement avant que vous m'ayez humilié ; je me conduis maintenant selon vos paroles.

Vous êtes bon, & vous aimez à faire du bien : enseignez-moi vos ordonnances.

L'injustice des superbes augmente tous les jours à mon égard : mais je m'attacherai toujours à vos commandemens de tout mon cœur.

Leur cœur tout matériel est fermé à votre loi ; pour moi j'en fais mes délices.

Il m'a été très-utile, pour apprendre vos préceptes, de tomber dans l'affliction.

La loi que vous nous avez donnée, m'est un plus grand trésor que des millions d'or & d'argent.

Vos mains m'ont créé, & m'ont formé : donnez-moi l'intelligence , afin que j'apprenne vos préceptes.

Ceux qui vous craignent se réjouiront, en voyant que vous m'avez protégé ; parce que j'aurai espéré en vos paroles.

Je reconnois, Seigneur, que vos jugemens sont équitables , & que ç'a été avec justice que vous m'avez humilié.

Exercez maintenant votre miséricorde envers moi pour me consoler , selon la promesse que vous avez faite à votre serviteur.

Répandez les effets de votre bonté sur moi , & me rendez la vie ; puisque votre loi fait mes délices.

Que les superbes soient confondus de ce qu'ils

ficut lac cor eorum ;* ego verò legem tuam meditatus sum.

Bonum mihi quia humiliasti me , * ut discam justificationes tuas.

Bonum mihi lex oris tui * super millia auri & argenti.

Manus tuæ fecerunt me, & plasmaverunt me : * da mihi intellectum,& discam mandata tua.

Qui timent te,videbunt me & lætabuntur ; * quia in verba tua supersperavi.

Cognovi , Domine , quia æquitas judicia tua , * & in veritate tua humiliasti me.

Fiat misericordia tua ut consoletur me , * secundùm eloquium tuum servo tuo.

Veniant mihi miserationes tuæ,& vivam ; * quia lex tua meditatio mea est.

Confundantur superbi , quia injustè

iniquitatem fecerunt in me ; * ego autem exercebor in mandatis tuis.

m'ont persécuté injustement ; pour moi, je m'occuperai de vos ordonnances.

Convertantur mihi timentes te , * & qui noverunt testimonia tua.

Que ceux qui vous craignent , & qui sont instruits de vos oracles , s'unissent à moi.

Fiat cor meum immaculatum in justificationibus tuis ;* ut non confundar.

Faites - moi accomplir vos préceptes avec pureté de cœur ; afin que je ne sois pas couvert de confusion.

Ant. Capitule , &c. au Propre.

A SEXTE.

℣. Deus , in adjutorium , &c.

HYMNE.

JAM solis excelsum jubar
Toto coruscat lumine ,
Sinusque pandens aureos ,
Ignita vibrat spicula.
Tu , Christe , qui mundum novâ ,
Sol verus , accendis face ,
Fac nostra plenam caritas
Crescendo surgat ad diem.
Qui natus es de Virgine , &c.

LE soleil maintenant dans tout son éclat remplit la terre de la plus vive lumiére : il déploie toute sa magnificence , & lance de toutes parts ses rayons brûlanst.

O Jesus, qui êtes le soleil de justice , & le véritable flambeau du monde , faites que le feu de votre amour croissant en nous de plus en plus , s'éléve jusqu'à la perfection de la charité.

Gloire à vous, ô Jesus, qui êtes né , &c.

Dij

DU PSEAUME 118.

MOn ame languit dans l'attente de votre secours salutaire, & j'espérerai en vos promesses.

Mes yeux sont languissants à force d'attendre le secours que vous m'avez promis ; ils vous disent : Quand me consolerez-vous ?

Je suis devenu aussi sec qu'une peau exposée à la gelée ; mais je n'ai point oublié vos ordonnances.

Combien de jours reste-t'il encore à votre serviteur ? quand exercerez-vous votre justice sur ceux qui me persécutent ?

Les méchans m'ont conté des fables ; & ce qu'ils disent, est bien contraire à votre loi.

Toutes vos ordonnances sont la vérité même : les hommes me persécutent injustement, secourez-moi.

Peu s'en est fallu qu'ils ne m'aient fait périr sur la terre ; mais je n'ai point abandonné pour cela vos préceptes.

Rendez-moi la vie par

DEfecit in salutare tuum anima mea, * & in verbum tuum supersperavi.

Defecerunt oculi mei in eloquium tuum, * dicentes : Quando consolaberis me ?

Quia factus sum sicut uter in pruina ;* justificationes tuas non sum oblitus.

Quot sunt dies servi tui ? * quando facies de persequentibus me judicium ?

Narraverunt mihi iniqui fabulationes :* sed non ut lex tua.

Omnia mandata tua veritas ; * iniquè persecuti sunt me, adjuva me.

Paulò minùs consummaverunt me in terra ; * ego autem non dereliqui mandata tua.

Secundùm miseri-

D

cordiam tuam vivifica me, * & custodiam testimonia oris tui.

In æternum, Domine, * verbum tuum permanet in cœlo.

In generationem & generationem veritas tua : * fundasti terram, & permanet.

Ordinatione tuâ perseverat dies ; * quoniam omnia serviunt tibi.

Nisi quòd lex tua meditatio mea est, * tunc fortè periissem in humilitate mea.

In æternum non obliviscar justificationes tuas ; * quia in ipsis vivificasti me.

Tuus sum ego, salvum me fac ; * quoniam justificationes tuas exquisivi.

Me expectaverunt peccatores ut perderent me : * testimonia tua intellexi.

Omnis consummationis vidi finem : *

Votre bonté, & je garderai les ordonnances de votre bouche.

Votre parole, Seigneur, subsiste éternellement dans le ciel.

Votre vérité passe de siécle en siécle : vous avez affermi la terre, & elle demeure inébranlable.

Les jours se suivent dans l'ordre que vous leur avez marqué ; car tout vous obéit.

Si votre loi n'avoit fait mes délices, il y a long-temps que j'aurois succombé à mon affliction.

Je n'oublierai jamais votre loi ; parce que c'est par elle que vous m'avez rendu la vie.

Sauvez-moi, puisque je suis tout à vous, & que je ne cherche que votre loi.

Les pécheurs m'attendent pour me perdre ; mais je me suis occupé de l'intelligence de vos ordonnances.

J'ai reconnu que les choses les plus parfaites

avoient des bornes : mais l'étenduë de votre loi est infinie.

latum mandatum tuum nimis.

DIVISION DU PSEAUME 118.

QUe j'aime votre loi, Seigneur ! elle est le sujet de mes méditations durant tout le jour.

Votre loi m'a rendu plus sage que mes ennemis ; parce que je l'ai sans cesse devant les yeux.

Je suis devenu plus intelligent que tous mes maitres ; parce que je médite sur vos ordonnances.

Je suis devenu plus prudent que les vieillards ; parce que j'étudie vos préceptes.

Je m'éloigne de toute voie qui conduit au mal ; afin d'accomplir vos ordonnances.

Je ne m'écarte point de votre loi ; parce que vous me l'avez donnée pour régle.

Que vos oracles sont pour moi pleins de douceur ! ils le sont plus à mon ame, que le miel ne l'est à ma bouche.

Vos préceptes me rendent intelligent ; c'est

QUomodò dilexi legem tuam, Domine ! * totà die meditatio mea est.

Super inimicos meos prudentem me fecisti mandato tuo ;* quia in æternum mihi est.

Super omnes docentes me intellexi ;* quia testimonia tua meditatio mea est.

Super senes intellexi ; * quia mandata tua quæsivi.

Ab omni via mala prohibui pedes meos ; * ut custodiam verba tua.

A judiciis tuis non declinavi ; * quia tu legem posuisti mihi.

Quàm dulcia faucibus meis eloquia tua ! * super mel ori meo.

A mandatis tuis intellexi : * proptereà odivi omnem viam iniquitatis.

Lucerna pedibus meis verbum tuum,* & lumen semitis meis.

Juravi & statui * custodire judicia justitiæ tuæ.

Humiliatus sum usquequaque , Domine : * vivifica me secundùm verbum tuum.

Voluntaria oris mei beneplacita fac , Domine , * & judicia tua doce me.

Anima mea in manibus meis semper,* & legem tuam non sum oblitus.

Posuerunt peccatores laqueum mihi ; * & de mandatis tuis non erravi.

Hæreditate acquisivi testimonia tua in æternum ; * quia exultatio cordis mei sunt.

Inclinavi cor meum ad faciendas justificationes tuas in æternum , * propter retributionem.

pourquoi je déteste tous les détours de l'iniquité.

Votre parole est la lampe qui éclaire mes pas , & la lumiére qui luit dans les sentiers où je marche.

J'ai juré & résolu de garder les ordonnances de votre justice.

Mon affliction & ma misére est extrême : redonnez-moi la vie , Seigneur , selon votre promesse.

Agréez , Seigneur , les sacrifices que ma bouche & mon cœur vous offrent : enseignez-moi vos commandemens,

Mon ame est toujours en danger de m'être ravie ; mais je n'oublie pas votre loi.

Les méchans me tendent des piéges pour me perdre ; mais je ne m'écarte pas de vos ordonnances.

J'ai pris vos préceptes pour être à jamais mon partage ; parce qu'ils sont la joie de mon cœur.

Tous les desirs de mon ame se portent à ne jamais m'écarter de vos ordonnances , à cause de la récompense,

DIVISION DU PSEAUME 118.

JE hais les injustes, & j'aime votre loi.

Vous êtes mon refuge & mon protecteur ; & je mets mon espérance dans vos paroles.

Retirez-vous de moi, méchans, & j'approfondirai les préceptes de mon Dieu.

Fortifiez-moi, Seigneur, selon vos promesses, & conservez-moi la vie ; afin que je ne sois pas confondu dans mes espérances.

Aidez-moi, & je serai sauvé ; & je ne m'occuperai que de la méditation de vos ordonnances.

Vous rejettez avec mépris ceux qui s'égarent de vos commandemens ; parce que leurs pensées sont injustes.

J'ai regardé tous les pécheurs comme des prévaricateurs : c'est ce qui fait que je m'attache de plus en plus à votre loi.

Percez ma chair de votre crainte ; & que je sois saisi de frayeur à la vûe de vos jugemens.

INiquos odio habui, * & legem tuam dilexi.

Adjutor & susceptor meus es tu ; * & in verbum tuum supersperavi.

Declinate à me, maligni , * & scrutabor mandata Dei mei.

Suscipe me secundùm eloquium tuũ, & vivam ; * & non confundas me ab expectatione mea.

Adjuva me , & salvus ero ; & meditabor in justificationibus tuis semper.

Sprevisti omnes discedentes à judiciis tuis ; * quia injusta cogitatio eorum.

Prævaricantes reputavi omnes peccatores terræ : * ideò dilexi testimonia tua.

Confige timore tuo carnes meas ;* à judiciis enim tuis timui.

Feci judicium & justitiam ; * non tradas me calumniantibus me.

J'ai gardé la justice & l'équité ; ne m'abandonez pas à mes calomniateurs.

Suscipe servum tuum in bonum ; * non calumnientur me superbi.

Affermissez votre serviteur dans le bien ; & que les superbes ne m'oppriment point par leurs calomnies.

Oculi mei defecerunt in salutare tuum , * & in eloquium justitiæ tuæ.

Mes yeux sont languissans à force d'attendre votre secours, & l'exécution des oracles de votre justice.

Fac cum servo tuo secundùm misericordiam tuam , * & justificationes tuas doce me.

Traitez votre serviteur avec bonté , & enseignez-moi vos ordonnances.

Servus tuus sum ego ; * da mihi intellectum, ut sciam testimonia tua.

Je suis votre serviteur ; donnez-moi l'intelligence, afin que je connoisse vos préceptes.

Tempus faciendi, Domine : * dissipaverunt legem tuam.

Seigneur , il est temps que vous agissiez : ils ont anéanti votre loi.

Ideo dilexi mandata tua * super aurum & topazion.

C'est ce qui me porte à aimer votre loi plus que l'or & les pierreries les plus précieuses.

Proptereà ad omnia mandata tua dirigebar : * omnem viam iniquam odio habui.

C'est ce qui fait que je me regle en tout selon votre loi, & que je hai toutes les voies de l'iniquité.

Ant. Capitule , &c. au Propre.

A NONE.

℣. Deus, in adjutorium, &c.

HYMNE.

LE soleil sur son déclin annonce la nuit prochaine par l'affoiblissement de sa lumiére ; c'est ainsi que notre vie s'avance d'un pas précipité vers sa fin.

Divin Sauveur, qui, les mains étendues sur la croix, appellez à vous le monde entier : faites que nous aimions sincérement la croix, & qu'unis à vous jusqu'au dernier soupir, nous expirions entre vos bras.

Gloire à vous, &c.

LABENTE jam solis rotâ,
Inclinat in noctem dies ;
Sic vita supremam cito
Festinat ad metam gradu.
O Christe, dum fixus cruci
Expandis orbi brachia :
Amare da crucem, tuo
Da nos in amplexu mori.

QUI natus es, &c.

DU PSEAUME 118.

VOs ordonnances font admirables ; c'est ce qui porte mon ame à les méditer.

L'explication de votre loi porte la lumiére dans les cœurs, & donne l'intelligence aux petits.

Pressé du desir & de

MIrabilia testimonia tua ; * ideò scrutata est ea anima mea.

Declaratio sermonum tuorum illuminat, * & intellectum dat parvulis.

Os meum aperui,

D iv

& attraxi spiritum ,* quia mandata tua desiderabam.

Aspice in me , & miserere mei , * secundùm judicium diligentium nomen tuum.

Gressus meos dirige secundùm eloquium tuum ; * & non dominetur mei omnis injustitia.

Redime me à calumniis hominum ; * ut custodiam mandata tua.

Faciem tuam illumina super servum tuum , * & doce me justificationes tuas.

Exitus aquarum deduxerunt oculi mei ; * quia non custodierunt legem tuam.

Justus es , Domine , * & rectum judicium tuum.

Mandasti justitiam testimonia tua , * & veritatem tuam nimis.

Tabescere me fecit zelus meus , * quia obliti sunt verba tua inimici mei.

l'amour de votre loi , je soupire sans cesse après le bonheur de l'accomplir.

Jettez sur moi des regards de miséricorde, selon que vous avez coûtume de faire envers ceux qui aiment votre nom.

Réglez mes pas sur votre loi ; afin qu'aucune iniquité ne domine en moi.

Délivrez-moi des calomnies des hommes ; afin que je garde vos commandemens.

Faites luire sur votre serviteur la lumiére de votre visage ; enseignez-moi vos ordonnances.

Mes infidélités dans l'observation de votre loi me font verser des torrens de larmes.

Vous êtes juste , Seigneur , & vos arrêts sont équitables.

Vos commandemens sont la justice & la vérité même ; & c'est avec raison que vous en ordonnez l'observation.

Mon zéle me fait sécher de douleur , de ce que mes ennemis ont oublié vos paroles.

Votre parole est pure comme l'or qui a passé par le feu ; c'est pourquoi votre serviteur l'aime.

Je suis jeune & méprisé ; néanmoins je n'oublie pas vos préceptes.

Votre justice est la justice éternelle ; & votre loi est la vérité même.

L'affliction & l'amertume sont venus fondre sur moi : mais vos oracles sont l'objet de mes méditations.

Vos commandemens sont la justice éternelle : donnez-m'en l'intelligence, & je vivrai.

Ignitum eloquium tuum vehementer ; * & servus tuus dilexit illud.

Adolescentulus sum ego & contemtus : * justificationes tuas non sum oblitus.

Justitia tua , justitia in æternum ; * & lex tua veritas.

Tribulatio & angustia invenerunt me ; mandata tua meditatio mea est.

Æquitas testimonia tua in æternum :* intellectum da mihi, & vivam.

DIVISION DU PSEAUME 118.

SEigneur, je crie vers vous de tout mon cœur, éxaucéz-moi, & je ne m'occuperai que de vos ordonnances.

Je crie vers vous ; sauvez-moi; afin que j'observe vos commandemens.

Je préviens le lever de l'aurore pour vous adresser mes priéres & mes cris; parce que je mets toutes mes espérances en vos promesses.

CLamavi in toto corde meo , exaudi me , Domine : * justificationes tuas requiram.

Clamavi ad te , salvum me fac ; * ut custodiam mandata tua.

Præveni in maturitate , & clamavi ; * quia in verba tua supersperavi.

D v

Prævenerunt oculi mei ad te diluculò ; * ut meditarer eloquia tua,

Vocem meam audi secundùm misericordiam tuam, Domine ; * & secundùm judicium tuum vivifica me.

Appropinquaverunt persequentes me iniquitati ; * à lege autem tua longè facti sunt.

Propè es tu, Domine, * & omnes viæ tuæ veritas.

Initio cognovi de testimoniis tuis , * quia in æternum fundasti ea.

Vide humilitatem meam , & eripe me ; * quia legem tuam non sum oblitus.

Judica judicium meum , & redime me ; * propter eloquium tuum vivifica me.

Longè à peccatoribus salus ; * quia justificationes tuas non exquisierunt.

Mes yeux préviennent les sentinelles qui veillent avant le jour ; afin de méditer votre loi.

Seigneur , écoutez ma voix, selon votre miséricorde : rendez-moi la vie selon votre équité.

Ceux qui me persécutent se sont approchés de l'iniquité , & ils se sont éloignés de votre loi.

Mais, Seigneur , vous êtes près de moi ; & toutes vos voies sont la vérité même.

J'ai reconnu dès le commencement , que vos ordonnances doivent durer jusques dans l'éternité.

Regardez mon affliction , & me délivrez : puisque je n'ai point oublié votre loi.

Soûtenez ma cause , & sauvez-moi ; rendez-moi la vie selon vos promesses.

Le salut est loin des méchans ; parce qu'ils ne recherchent pas vos ordonnances.

Seigneur, vos miséri-
cordes sont infinies : rendez-moi la vie selon vos
promesses.

Le nombre de mes per-
sécuteurs & de mes enne-
mis est grand ; mais je ne
me suis point écarté de
vos préceptes.

Quand je regarde les
violateurs de votre loi,
je séche de douleur de ce
qu'ils n'observent pas vos
ordonnances.

Considérez, Seigneur,
que j'aime vos comman-
demens : faites-moi vivre
par un effet de votre
bonté.

Votre parole a toujours
été véritable, & tous les
décrets de votre justice
subsisteront à jamais.

Misericordiæ tuæ
multæ, Domine : *
secundùm judicium
tuum vivifica me.

Multi qui perse-
quuntur me, & tri-
bulant me ; * à te-
stimoniis tuis non
declinavi.

Vidi prævarican-
tes, & tabescebam, *
quia eloquia tua non
custodierunt.

Vide quoniam
mandata tua dilexi,
Domine : * in mise-
ricordia tua vivifica
me.

Principium ver-
borum tuorum ve-
ritas : * in æternum
omnia judicia justi-
tiæ tuæ.

DIVISION DU PSEAUME 118.

LEs princes m'ont per-
sécuté injustement ;
mais mon cœur n'a eu
d'autre crainte que de manquer à votre loi.

Je me réjouis de vos
oracles, comme un homme
qui a trouvé de riches
dépouil'es.

Je hais l'iniquité, &
je l'ai en horreur ; mais

PRincipes perse-
cuti sunt me gra-
tìs ; * & à verbis
tuis formidavit cor
meum.

Lætabor ego su-
per eloquia tua, *
sicut qui invenit spo-
lia multa.

Iniquitatem odio
habui, & abomina-

D vj

tus sum ; * legem autem tuam dilexi.

Septies in die laudem dixi tibi * super judicia justitiæ tuæ.

Pax multa diligentibus legem tuam ; * & non est illis scandalum.

Expectabam salutare tuum , Domine , * & mandata tua dilexi.

Custodivit anima mea testimonia tua,* & dilexit ea vehementer.

Servavi mandata tua & testimonia tua ; * quia omnes viæ meæ in conspectu tuo.

Appropinquet deprecatio mea in conspectu tuo, Domine : * juxta eloquium tuum da mihi intellectum.

Intret postulatio mea in conspectu tuo : * secundùm eloquium tuum eripe me.

Eructabunt labia mea hymnum,* cùm

j'aime votre loi.

Sept fois le jour , je vous offre des louanges , à cause de l'équité de vos jugemens.

Ceux qui aiment votre loi , jouissent d'une paix profonde ; & ils ne trouvent rien qui puisse les faire tomber.

J'attends , Seigneur , le salut qui vient de vous , & j'aime votre loi.

Je garde vos commandemens , & je les aime de tout mon cœur.

J'observe vos loix & vos ordonnances ; parce que toutes mes démarches sont exposées à vos yeux.

Que mes cris montent jusqu'à vous , Seigneur : donnez moi l'intelligence selon votre parole.

Que ma priére pénétre jusqu'à vous : & délivrez-moi selon vos promesses.

Mes lévres annonceront vos louanges, lorsque vous

m'aurez enseigné vos or-
donnances.

Ma langue publiera vos
oracles , parce que tous
vos commandemens sont
la justice même.

Tendez - moi la main
pour me sauver , puisque
j'ai choisi vos commande-
mens pour mon partage.

Seigneur, j'attends avec
un extrême desir votre
grace salutaire ; & votre
loi est l'objet de mes méditations.

Mon ame vivra , & elle
vous louera : vos jugemens
feront mon appui.

J'ai été dans l'égare-
ment comme une brebis
perdue : cherchez votre
serviteur , puisque je n'ai
point oublié votre loi.

docueris me justifi-
cationes tuas.

Pronuntiabit lin-
gua mea eloquium
tuum ; * quia omnia
mandata tua æqui-
tas.

Fiat manus tua ut
salvet me , * quo-
niam mandata tua
elegi.

Concupivi saluta-
re tuum , Domine ; *
& lex tua meditatio
mea est.

Vivet anima mea ,
& laudabit te ; * &
judicia tua adjuva-
bunt me.

Erravi sicut ovis
quæ periit : * quære
servum tuum , quia
mandata tua non sum
oblitus.

L'Antienne &c. au Propre.

A VESPRES.

℣. Deus , in adjutorium , &c.

PSEAUME 109.

LE Seigneur a dit à
mon Seigneur : As-
seyez-vous à ma
droite ,

DIxit Domi-
nus Domi-
no meo : *
Sede à dextris meis,

Donec ponam inimicos tuos * scabellum pedum tuorum.

Virgam virtutis tuæ emittet Dominus ex Sion : dominare in medio inimicorum tuorum.

Tecum principium in die virtutis tuæ in splendoribus sanctorum : * ex utero ante luciferum genui te.

Juravit Dominus, & non pœnitebit eum : * Tu es Sacerdos in æternum secundùm ordinem Melchisedech.

Dominus à dextris tuis : * confregit in die iræ suæ reges.

Judicabit in nationibus, implebit ruinas : * conquassabit capita in terra multorum.

De torrente in via bibet : * proptereà exaltabit caput.

Gloria Patri, &c.

Jusqu'à ce que je réduise vos ennemis à vous servir de marche-pied.

Le Seigneur fera sortir de Sion le sceptre de votre puissance : régnez souverainement au milieu de vos ennemis.

Toute puissance est à vous pour l'exercer au jour de votre force, lorsque vous paroîtrez avec tout l'éclat de votre sainteté : je vous ai engendré de mon sein avant l'aurore.

Le Seigneur l'a juré, & il ne rétractera pas son serment : Vous êtes le Prêtre éternel selon l'ordre de Melchisedech.

Le Seigneur est à votre droite : il brisera les rois au jour de sa colére.

Il jugera les nations, & les détruira : il brisera sur la terre la tête de plusieurs.

Il boira dans le chemin de l'eau du torrent ; & c'est par-là qu'il élevera sa tête.

Gloire au Pere, &c.

PSEAUME 110.

SEigneur, je vous loue-rai de tout mon cœur dans les assemblées des justes.

Les ouvrages du Seigneur sont grands, & toujours proportionnés à ses desseins.

Tout ce qu'il fait, publie ses louanges & sa grandeur : sa justice demeure éternellement.

Le Seigneur qui est plein de miséricorde & de tendresse, a éternisé la mémoire de ses merveilles : il a donné la nourriture à ceux qui le craignent.

Il se souviendra de son alliance dans la suite de tous les siécles : il a fait connoître à son peuple la puissance de ses œuvres,

En leur donnant l'heritage des nations : la vérité & & la justice éclatent dans les ouvrages de ses mains.

Toutes ses ordonnances sont stables & fidelles : elles sont immuables dans

COnfitebor tibi, Domine, in toto corde meo, * in concilio justorum & congregatione.

Magna opera Domini, * exquisita in omnes voluntates ejus.

Confessio & magnificentia opus ejus, * & justitia ejus manet in seculum seculi.

Memoriam fecit mirabilium suorum misericors & miserator Dominus : * escam dedit timentibus se.

Memor erit in seculum testamenti sui : * virtutem operum suorum annuntiabit populo suo ;

Ut det illis hæreditatem gentium : * opera manuum ejus veritas & judicium.

Fidelia omnia mandata ejus : confirmata in seculum se-

culi, * facta in veri-
tate & æquitate.

Redemptionem
misit populo suo : *
mandavit in æter-
num testamentum
suum.

Sanctum & terri-
bile nomen ejus : *
initium sapientiæ ti-
mor Domini.

Intellectus bonus
omnibus facientibus
eum : * laudatio ejus
manet in seculum
seculi.

tous les siécles : elles sont
fondées sur la vérité &
la justice.

Il a envoyé à son peu-
ple un Sauveur pour le
racheter : il a établi son
alliance pour jamais.

Son nom est saint & re-
doutable : la crainte du
Seigneur est le commen-
cement de la sagesse.

Tous ceux qui reglent
leur conduite sur les mou-
vemens de cette crainte
salutaire, ont la vraie intelligence : la louange du
Seigneur subsistera à ja-
mais.

PSEAUME III.

BEatus vir qui ti-
met Dominum, *
in mandatis ejus vo-
let nimis.

Potens in terra
erit semen ejus : *
generatio rectorum
benedicetur.

Gloria & divitiæ
in domo ejus ; * &
justitia ejus manet
in seculum seculi.

Exortum est in
tenebris lumen re-
ctis : * misericors,

HEureux l'homme qui
craint le Seigneur,
& qui met toute son af-
fection dans ses ordon-
nances.

Sa postérité sera puis-
sante sur la terre : la race
des justes sera comblée de
bénédictions.

La gloire & les riches-
ses sont dans sa maison, &
sa justice demeure éter-
nellement.

La lumiére se leve sur
les justes au milieu des ténébres : le Seigneur est

plein de miséricorde, de tendresse & de justice.

Heureux celui qui donne & qui prête, & qui regle ses discours selon l'équité ; il ne sera jamais ébranlé.

La mémoire du juste sera éternelle : il ne craindra pas qu'elle soit ternie par des discours injurieux.

Son cœur est préparé à tout, parce qu'il s'appuie sur le Seigneur ; son cœur est inébranlable, & il ne craint rien : il attend que le Seigneur le venge de ses ennemis.

Il répand ses dons, il est libéral envers les pauvres : sa justice demeure éternellement ; il sera élevé en puissance & en gloire.

Le méchant le verra, & il frémira de colére ; il grincera des dents, & il séchera de dépit : les desirs des pécheurs périront.

& miserator, & justus.

Jucundus homo qui miseretur & commodat, disponet sermones suos in judicio ;* quia in æternum non commovebitur.

In memoria æterna erit justus : * ab auditione mala non timebit.

Paratum cor ejus sperare in Domino, confirmatum est cor ejus : * non commovebitur, donec despiciat inimicos suos.

Dispersit, dedit pauperibus : * justitia ejus manet in seculum seculi ; cornu ejus exaltabitur in gloria.

Peccator videbit & irascetur ; dentibus suis fremet & tabescet : * desideriū peccatorum peribit.

PSEAUME 112.

LOuez le Seigneur, vous tous qui êtes ses serviteurs : louez le nom du Seigneur.

LAudate, pueri, Dominum ; * laudate nomen Domini.

Sit nomen Domini benedictum, * ex hoc nunc & usque in seculum.

A solis ortu usque ad occasum * laudabile nomen Domini.

Excelsus super omnes gentes Dominus, * & super cœlos gloria ejus.

Quis sicut Dominus Deus noster, qui in altis habitat, * & humilia respicit in cœlo & in terra ?

Suscitans à terra inopem, * & de stercore erigens pauperem ;

Ut collocet eum cum principibus, * cum principibus populi sui.

Qui habitare facit sterilem in domo, * matrem filiorum lætantem.

Que le nom du Seigneur soit beni depuis le moment présent jusques dans l'éternité.

Que le nom du Seigneur soit loué depuis l'orient jusques à l'occident.

Le Seigneur est élevé au-dessus de toutes les nations, sa gloire est élevée au-dessus des cieux.

Qui est semblable au Seigneur notre Dieu, qui s'éleve dans ce qu'il y a de plus haut pour y placer son thrône, & qui s'abaisse pour considérer ce qui se passe dans le ciel & sur la terre ?

Qui tire les plus vils de la poussiére, & qui fait sortir le pauvre de son fumier ;

Pour le placer avec les princes, avec les princes de son peuple.

Qui donne à celle qui étoit stérile, la joie de se voir dans sa maison la mere de plusieurs enfans.

PSEAUME 113.

IN exitu Israel de Ægypto ; * domûs Jacob de populo barbaro,

LOrsqu'Israël sortit de l'Egypte, & la maison de Jacob du milieu d'un peuple étranger,

Juda fut consacré au Seigneur, & Israël fut son empire.

La mer le vit, & prit la fuite ; le Jourdain retourna en arriére.

Les montagnes bondirent comme des béliers, & les collines comme des agneaux.

Pourquoi donc, ô mer, fuyois-tu ? & toi, Jourdain, pourquoi retournois-tu en arriére ?

Montagnes, pourquoi sautiez-vous comme des béliers ? & vous, collines, comme des agneaux ?

La terre entiére fut ébranlée à la vuë du Seigneur, à la vuë du Dieu de Jacob,

Qui changea la pierre en des torrens d'eaux, & le rocher en d'abondantes fontaines.

Ce n'est point à nous, Seigneur, ce n'est point à nous qu'appartient la gloire : donnez-la seulement à votre nom, à cause de votre miséricorde, & de la fidélité de vos promesses.

Comment les nations

Facta est Judæa sanctificatio ejus, * Israel potestas ejus.

Mare vidit, & fugit : * Jordanis conversus est retrorsùm.

Montes exultaverunt ut arietes, * & colles sicut agni ovium.

Quid est tibi, mare, quòd fugisti ? * & tu, Jordanis, quia conversus es retrorsum ?

Montes, exultastis sicut arieres ; * & colles, sicut agni ovium ?

A facie Domini mota est terra, * à facie Dei Jacob,

Qui convertit petram in stagna aquarum, * & rupem in fontes aquarum.

Non nobis, Domine, non nobis, * sed nomini tuo da gloriam super misericordia tua & veritate tua ;

Nequando dicant

gentes : * Ubi eſt deus eorum ?

Deus autem noſter in cœlo : * omnia quæcumque voluit , fecit.

Simulacra gentium , argentum & aurum , * opera manuum hominum.

Os habent , & non loquentur : * oculos habent , & non videbunt.

Aures habent , & non audient : * nares habent , & non odorabunt.

Manus habent , & non palpabunt ; pedes habent , & non ambulabunt : * non clamabunt in gutture ſuo.

Similes illis fiant qui faciunt ea , * & omnes qui confidunt in eis.

Domus Iſrael ſperavit in Domino ; * adjutor eorum & protector eorum eſt.

Domus Aaron ſperavit in Domino ;* adjutor eorum

---

pourroient-elles dire maintenant : Où eſt leur Dieu?

Notre Dieu eſt dans le ciel : il fait tout ce qu'il lui plaît.

Les dieux des nations ne ſont que de l'or & de l'argent , & l'ouvrage des mains des hommes.

Ils ont une bouche , & ne parlent point : ils ont des yeux , & ne voient point.

Ils ont des oreilles , & n'entendent point : ils ont des narines , & ne ſentent point.

Ils ont des mains , & ne touchent point ; ils ont des pieds , & ne marchent point : ils ont un goſier , & n'ont point de voix.

Que ceux qui les font , deviennent ſemblables à eux : & que tous ceux qui eſpérent en eux , leur reſſemblent.

La maiſon d'Iſraël a mis ſa confiance dans le Seigneur ; c'eſt lui qui eſt ſon appui & ſon protecteur.

La maiſon d'Aaron a mis ſa confiance dans le Seigneur ; c'eſt lui qui

eſt ſon appui & ſon pro-
tecteur.

Ceux qui craignent le
Seigneur, ont mis leur confiance dans le Seigneur ;
c'eſt lui qui eſt leur appui
& leur protecteur.

Le Seigneur s'eſt ſou-
venu de nous , & nous a
benis.

Il a beni la maiſon
d'Iſraël ; il a beni la maiſon d'Aaron.

Il a beni tous ceux qui
le craignent , grands &
petits.

Que le Seigneur vous
comble de nouveaux biens,
vous & vos enfans.

Soyez benis du Sei-
gneur , qui a fait le ciel
& la terre.

Les cieux ſont pour le
Seigneur, & il a donné la
terre aux enfans des hom-
mes.

Seigneur , les morts ne
vous loueront point , ni
tous ceux qui deſcendent
dans le tombeau.

Mais nous qui vivons ,
nous bénirons le Seigneur

& protector eorum
eſt.

Qui timent Do-
m'num, ſperaverunt
in Domino ; * ad-
jutor eorum &
protector eorum
eſt.

Dominus memor
fuit noſtrî , * & be-
nedixit nobis.

Benedixit domui
Iſrael ; * benedixit
domui Aaron.

Benedixit omni-
bus qui timent Do-
minum,* puſillis cum
majoribus.

Adjiciat Dominus
ſuper vos , * ſuper
vos , & ſuper filios
veſtros.

Benedicti vos à
Domino , * qui fe-
cit cœlum & ter-
ram.

Cœlum cœli Do-
mino ; * terram au-
tem dedit filiis ho-
minum.

Non mortui lauda-
bunt te, Domine , *
neque omnes qui
deſcendunt in infer-
num.

Sed nos qui vivi-
mus , benedicimus

Domino, * ex hoc nunc , & usque in seculum.

depuis le moment présent jusques dans la suite des siécles.

Ant. Capitule , Hymne , &c. au Propre.

MAGNIFICAT. *aux Vêpres du Samedi , p. 7.*

A COMPLIES.

COnverte nos , Deus salutaris noster ; ꝶ. Et averte iram tuam à nobis.

FAites nous retourner à vous , ô Dieu qui êtes notre salut ; ꝶ. Et détournez votre colére de dessus nous.

℣. Deus , in adjutorium. Gloria Patri , &c.

PSEAUME 4.

CUm invocarem, exaudivit me Deus justitiæ meæ : * in tribulatione dilatasti mihi.

Miserere meî , * & exaudi orationem meam.

Filii hominum , usquequò gravi corde ? * ut quid diligitis vanitatem , & quæritis mendacium ?

Et scitote quoniam mirificavit Dominus Sanctum suum ; * Dominus

EXaucez - moi , lorsque je vous invoque , ô Dieu de ma justice : vous m'avez mis au large, lorsque j'étois accablé de maux.

Ayez pitié de moi , & éxaucez ma priére.

Enfans des hommes , jusqu'à quand aurez-vous le cœur pesant ? pourquoi aimez-vous la vanité , & cherchez-vous le mensonge ?

Sçachez que le Seigneur prodiguera ses merveilles en faveur de son Saint : le Seigneur m'éxaucera, lorsque je lui adreſſerai mes cris.

Mettez-vous en colére, mais ne péchez pas : pleurez dans le repos de vos lits les mauvais deſſeins que vous avez conçus dans vos cœurs.

Offrez au Seigneur des ſacrifices de juſtice, & eſpérez en lui : pluſieurs diſent, Qui nous montrera quelque reſſource ?

Seigneur, vous avez fait éclater ſur nous la lumiére de votre viſage : vous avez fait naître la joie dans mon cœur.

Ils ſe ſont enrichis par l'abondance de leur froment, de leur vin & de leur huile.

Pour moi, je me coucherai en paix, & je jouirai d'un parfait repos ;

Parce que c'eſt vous, Seigneur, qui m'établiſſez dans une ſolide eſpérance.

exaudiet me , cùm clamavero ad eum.

Iraſcimini , & nolite peccare : * quæ dicitis in cordibus veſtris, in cubilibus veſtris compungimini.

Sacrificate ſacrificium juſtitiæ , & ſperate in Domino :* multi dicunt , Quis oſtendit nobis bona ?

Signatum eſt super nos lumen vultûs tui , Domine : ꝏ dediſti lætitiam in corde meo.

A fructu frumenti , vini & olei ſui ꝏ multiplicati ſunt.

In pace in idipſum dormiam , * & requieſcam ;

Quoniam tu, Domine , * ſingulariter in ſpe conſtituiſti me.

PSEAUME 90.

CElui qui demeure dans l'aſyle du Très-haut, & qui repoſe ſous l'ombre du Tout-puiſſant,

QUi habitat in adjutorio Altiſſimi , * in protectio- Dei cœli commorabitur ,

Dicet Domino : Susceptor meus es tu , & refugium meum : * Deus meus , sperabo in eum.

Quoniam ipse liberavit me de laqueo venantium , * & à verbo aspero.

Scapulis suis obumbrabit tibi , * & sub pennis ejus sperabis.

Scuto circumdabit te veritas ejus : * non timebis à timore nocturno ,

A sagitta volante in die , à negotio perambulante in tenebris , * ab incursu & dæmonio meridiano.

Cadent à latere tuo mille , & decem millia à dextris tuis;* ad te autem non appropinquabit.

Verumtamen oculis tuis considerabis,* & retributiouem peccatorum videbis.

Quoniam : Tu es, Domine, spes mea,* Altissimum posuisti

Dira au Seigneur: Vous êtes mon espérance & mon appui : vous êtes mon Dieu, c'est en vous que je mets ma confiance.

Car le Seigneur vous délivrera des filets du chasseur, & de la langue des méchans.

Il vous couvrira de son ombre, & vous serez en sûreté sous ses ailes.

Sa vérité vous servira de bouclier : vous ne craindrez ni les terreurs de la nuit,

Ni la flèche qui vole durant le jour , ni les embûches que l'on prépare dans les ténébres , ni les attaques du démon du midi.

Il en tombera mille à votre gauche , & dix mille à votre droite : mais le mal n'approchera pas de vous.

Vous contemplerez seulement de vos yeux le malheur des autres , & vous serez spectateur de la punition des méchans.

Parce que vous avez dit : Seigneur, vous êtes mon espérance , & que vous
avez

ayez mis votre confiance dans la protection du Très-haut ;

Il ne vous arrivera aucun accident fâcheux , & les fléaux n'approcheront point de votre maison.

Car il a commandé à ses Anges de vous garder en toutes vos voies.

Ils vous porteront sur leurs mains , de peur que vous ne heurtiez votre pied contre la pierre.

Vous marcherez sur l'aspic & le basilic : vous foulerez au pied le lion & le dragon.

Je le délivrerai , dit le Seigneur , parce qu'il a mis en moi sa confiance : je serai son protecteur , parce qu'il a connu mon nom.

Il m'invoquera , & je l'exaucerai.

Je serai avec lui dans ses jours d'affliction : je l'en tirerai , & je l'en ferai sortir avec gloire.

Je le comblerai de jours & d'années , & je lui ferai

refugium tuum ;

Non accedet ad te malum, * & flagellum non appropinquabit tabernaculo tuo.

Quoniam Angelis suis mandavit de te , * ut custodiant te in omnibus viis tuis.

In manibus portabunt te , * ne forté offendas ad lapidem pedem tuum.

Super aspidem & basiliscum ambulabis , * & conculcabis leonem & draconem.

Quoniam in me speravit , liberabo eum : * protegam eum , quoniam cognovit nomen meū.

Clamabit ad me , * & ego exaudiam eum.

Cum ipso sum in tribulatione : * eripiam eum , & glorificabo eum.

Longitudine dierum replebo eum

E

& oſtendam illi ſalutare meum.

part du ſalut que je donne à mes Saints.

PSEAUME 133.

ECce nunc benedicite Dominum, * omnes ſervi Domini.

BEniſſez le Seigneur, vous tous qui êtes ſes ſerviteurs.

Qui ſtatis in domo Domini , * in atriis domûs Dei noſtri ;

Vous qui habitez dans le temple du Seigneur , & dans les portiques de la maiſon de notre Dieu ,

In manibus extollite manus veſtras in ſancta , * & benedicite Dominum.

Elevez vos mains vers le Sanctuaire durant la nuit même , & béniſſez le Seigneur.

Benedicat te Dominus ex Sion ,* qui fecit cœlum & terram.

Que le Seigneur vous béniſſe de Sion , le Seigneur qui a fait le ciel & la terre.

Ant. au Propre. Hymne , Mundi ſalus. *p.* 140.

CAPITULE. 1. *Theſſ.* 5.

OMnes vos filii lucis eſtis , & filii diei : non ſumus noctis , neque tenebrarum : igitur non dormiamus ſicut & ceteri , ſed vigilemus & ſobrii ſimus. ℟ Deo gratias.

VOus êtes tous des enfans de lumiére , & des enfans du jour : nous ne ſommes point enfans de la nuit ni des ténébres : ne nous laiſſons donc pas aller au ſommeil comme les autres ; mais veillons & ſoyons ſobres.

℟. *br.* In manus tuas , Dñe ,* Commendo ſpiritum meum. In manus.
℣. Redemiſti me ,

℟. *br.* Seigneur , je remets mon eſprit entre vos mains. Seigneur. ℣ Vous m'avez racheté, Seigneur, Dieu de vérité : Je remets mon esprit entre vos mains. Gloire au Pere. Seigneur, je remets mon esprit entre vos mains.

℣. Gardez-moi, Seigneur, comme la prunelle de l'œil : ℟. Couvrez-moi de vos ailes.

Domine, * Deus veritatis : * Commendo. Gloria Patri. In manus.

℣. Cuſtodi me, Domine, ut pupillam oculi : ℟. Sub umbra alarum tuarum protege me.

CANTIQUE DE S. SIMEON. *Luc, 2.*

C'Eſt maintenant, Seigneur, que vous laiſſerez mourir en paix votre ſerviteur ſelon votre parole ;

Puiſque mes yeux ont vû le Sauveur que vous nous donnez,

Et que vous deſtinez pour être expoſé à la vuë de tous les peuples,

Pour être la lumiére qui éclairera les nations, & la gloire de votre peuple d'Iſraël.

NUnc dimittis ſervum tuum, Domine, * ſecundùm verbum tuum, in pace ;

Quia viderunt oculi mei * Salutare tuum,

Quod paraſti * ante faciem omnium populorum,

Lumen ad revelationem gentium, * & gloriam plebis tuæ Iſrael.

L'Antienne au Propre.

L'Oraiſon Viſita. *l'Ant. à la Vierge, &c. aux Complies du Samedi, p.* 16.

LA FESTE
DE LA CHAIRE S. PIERRE.

Annuel.

AUX I. VESPRES.

Pseaumes du Samedi.

1. *Ant.* FAciam eos in gentem unam in terra, & Pastor unus erit omnium eorum. *Ezéch.* 37.

2. *Ant.* Præparabitur in misericordia solium, & sedebit super illud in veritate in tabernaculo David. *Isaïe,* 16.

3. *Ant.* Statuam eum in domo mea, & in regno meo usque in sempiternum : & thronus ejus erit firmissimus in perpetuum. *1. Par.* 17.

1. *Ant.* JE ne ferai plus qu'un seul peuple sur la terre, & ils n'auront plus tous qu'un seul pasteur.

2. *Ant.* Il viendra un Roi dans la maison de David, son thrône s'établira dans la miséricorde ; & il s'asséiera dans la vérité.

3. *Ant.* Je l'établirai dans ma maison & dans mon royaume pour jamais ; & son thrône sera très-ferme pour toujours.

4. *Ant.* Le Roi l'éleva en grand honneur, le mit au nombre de ses principaux amis, & l'établit chef & prince après lui.

5. *Ant.* Le Roi l'éleva en grand honneur à la vue de ses amis, il le confirma dans la souveraine sacrificature, & il le fit le premier de tous ses amis.

CAPITULE.

VOs yeux verront Jerusalem comme une demeure comblée de richesses, comme une tente qui ne sera point transportée ailleurs : les pieus qui l'affermissent en terre, ne s'arracheront jamais ; & tous les cordages qui la tiennent, ne se rompront point.

℟. C'est à vous que le Seigneur votre Dieu a dit : * Vous serez le pasteur de mon peuple d'Israël, & vous en serez le prince. ℣. Il n'y aura qu'un troupeau & qu'un pasteur. * Vous serez. Gloire au Pere. * Vous serez.

4. *Ant.* Magnificavit eum rex, & scripsit eum inter primos amicos, & posuit eum ducem & participem principatûs. 1. *Mach.* 10.

5. *Ant.* Exaltavit eum in conspectu omnium amicorum suorum, & statuit ei principatum sacerdotii, & fecit eum principem amicorum. 1. *Mach.* 11.

Isaïe, 33.

OCuli tui videbunt Jerusalem, habitationem opulentam, tabernaculum quod nequaquam transferri poterit : nec auferentur clavi ejus in sempiternum, & omnes funiculi ejus non rumpentur.

℟. Dixit tibi Dominus Deus tuus : * Tu pasces populum meum Israel, & tu eris princeps super eum. ℣. Fiet unum ovile & unus Pastor. * Tu pasces. Gloria. * Tu pasces.

1. *Par.* 11. *Jean*, 10.

E iij

HYMNE.

PROME commif-
fas tibi, Petre,
claves;
(Nam tibi tradit fua
jura Chriftus:)
Quæ polum clau-
dunt, fcelerum,
precamur,
Vincula folve.

PRIMA te fedes
Orientis oris
Extulit: cunas ibi
Chriftianum
Obtinet nomen; fi-
mul inde toto
Spargitur orbe.
ROMA mox fortis
m lioris hæres,
Extitit mundi fidei-
que centrum,
Quam tuo, Paftor pa-
riterque Martyr,
Sanguine claras.

QUI fidem Petro
ftabilem rogafti,
Ne finas, Jefu, ti-
tubare noftram:
Vita fac concors fi-
dei fit omen
Dulce falutis.

O Chef des Apôtres,
que Jefus-Chrift a
rendu le dépofitaire de fes
droits; faites-nous éprouver le pouvoir des clefs
qu'il vous a confiées: bri-
fez les liens de nos crimes
qui nous ferment l'entrée
du ciel: nous vous le de-
mandons avec inftance.

Vous établites d'abord
votre fiége dans l'Orient:
la ville d'Antioche fut
comme le berceau où le
nom de Chrétien prit naiffance, & d'où il fe répandit
enfuite par toute la terre.

Mais Rome, héritant
bientôt d'un droit qu'An-
tioche ne devoit pas con-
ferver, comme elle étoit
le centre du monde, elle
devint auffi celui de la
Religion: vous l'avez ren-
due illuftre en devenant
fon pafteur, & plus illuftre encore en y fouffrant
le martyre.

O Jefus, qui deman-
dâtes que la foi de Pierre
ne fe démentît point; ne
permettez pas que la nô-
tre devienne chancelante:
faites qu'une vie digne de
la fainteté de notre foi,
foit un heureux préfage
de notre falut.

Quel univers plein d'allegreſſe célébre la souveraine puiſſance du Pere éternel ; qu'il publie la gloire de ſon Fils nnique, & qu'il rende pareillement hommage au Saint-Eſprit dans tous les ſiécles des ſiécles. Amen.

℣. Le Seigneur regarde ce qu'il y a de plus abbaiſſé dans le ciel & ſur la terre. ℟. Il tire de la pouſſiére celui qui eſt dans l'indigence.

LæTUS æternum celebret Parentem

Orbis ; æternum celebret Parentis

Filium : par ſit tibi laus per omne, Spiritus, ævum. Amen.

℣. Humilia reſpicit Dominus in cœlo & in terra, ℟. Suſcitans à terra inopem. *Pſ.* 112.

A Magnificat. Antienne

Ant. J'enverrai beaucoup de pêcheurs, dit le Seigneur, & ils prendront à la pêche les enfans d'Iſraël ; & ils ſçauront que mon nom eſt, Celui qui eſt.

Ant. Ecce ego mittam piſcatores multos, dicit Dominus, & piſcabuntur filios Iſrael; & ſcient quia nomen mihi Dominus. *Jerém.* 16.

L'Oraiſon ci-après, à Laudes.
Mémoire du Samedi avant le II. Dimanche après l'Epiphanie.

Ant. Si quelqu'un eſt en Jeſus-Chriſt, il eſt devenu une nouvelle créature : ce qui étoit de vieux eſt paſſé, & tout eſt devenu nouveau.

Ant. Si qui in Chriſto nova creatura, vetera tranſierunt : ecce facta ſunt omnia nova. *2. Cor.* 5.

℣. Toute l'étenduë de la terre à vû ℟. Le ſalut que notre Dieu nous a procuré.

℣. Viderunt omnes termini terræ ℟. Salutare Dei noſtri. *Pſ.* 97.

Oraiſon, Omnipotens. ci-après, à Laudes.

E iv

A COMPLIES, *Pſſ. du Samedi.*

Ant. Die noctu- que fugiebat ſomnus ab oculis meis pro gregibus tuis, Domi- ne. *Geneſ.* 31.

Ant. Le jour & la nuit le ſommeil fuyoit de mes yeux pour vos troupeaux, Seigneur.

A Nunc dimittis. *Antienne.*

Cùm venerit Do- minus, & pulſave- rit, beati ſervi quos invenerit vigilantes. *Luc.* 12.

Lorſque le Seigneur ſe- ra venu, & qu'il aura fra- pé à la porte, heureux les ſerviteurs qu'il trouvera veillans.

A MATINES.

INVITATOIRE.

Chriſtum Paſto- rum principem, *Venite, adoremus. 1. Pierre, 5.

Venez, adorons Jeſus- Chriſt qui eſt le Prince des Paſteurs. * Venez, adorons-le.

Pſ. Venite. *pag.* 18.

HYMNE.

INCONCUSSA tuo, ſumme Deus, paras Fundamenta operi : non tamen eligis Pollentes opibus, non celebres vo- cas Claris ſtemmatibus viros.

VOus préparez à votre Egliſe, grand Dieu, des fondemens inébranla- bles : & vous ne choiſiſſez néanmoins pour établir ce grand édifice, ni les riches du ſiécle, ni des hommes illuſtres par la nobleſſe de leurs ancêtres.

Pierre que vous élevez à à la première dignité, n'a d'autre richesse que sa nacelle, d'autre emploi que la pêche ; & il soumet à l'Evangile des peuples innombrables : celui qui n'étoit d'abord occupé qu'à remplir sa barque de poissons, remplit l'univers d'adorateurs de Jesus-Christ.

PETRO divitiæ cymba, labor mare :
Gentes innumeras hic subigit tamen ;
Et qui navigium piscibus anteà,
Orbem Christiadis replet.

Vous n'avez besoin, Seigneur, d'aucun secours : seul tout-puissant, vous voulez, & tout est fait : il vous convient de n'employer que ce qu'il y a de plus foible, & d'opérer les plus étonnantes merveilles par les plus vils instrumens.

Tu nullius opis scilicet indigus,
Unus cuncta potens vis simul & facis :
Uti debilibus te juvat, infimis
Gaudes ardua vincere.

Gloire infinie au Pere : gloire infinie au Fils : gloire égale au Saint-Esprit, qui rendant efficace la prédication des saints Apôtres, a fait adorer par elle la croix de Jesus-Christ dans tout l'univers. Amen.

Sit laus summa Patri, summaque Filio :
Amborum sit idem Spiritui decus,
Per quem, Christe, tuam vox hominum crucem
Terris extulit omnibus. Amen.

Pseaumes du Dimanche à tout l'Office, excepté le Cantique de Laudes, ci-après.

AU I. NOCTURNE.

1. *Ant.* Invenit Andræas fratrem suum Simonem, & dicit ei : Invenimus Messiam ; & adduxit eum ad Jesum. *Jean*, 1.

Ant. André ayant trouvé son frere Simon, il lui dit : Nous avons trouvé le Messie ; & il l'amena à Jesus.

2. *Ant.* Intuitus Simonem Jesus, dixit : Tu es Simon filius Jona ; tu vocaberis Cephas, quod interpretatur Petrus. *Jean*, 1.

2. *Ant.* Jesus ayant regardé Simon, lui dit : Vous êtes Simon fils de Jonas ; vous serez appellé Cephas, c'est-à-dire Pierre.

3. *Ant.* Vocavit Jesus discipulos suos, & elegit duodecim ex ipsis, quos & Apostolos nominavit. Primus Simon qui dicitur Petrus. *Luc*, 6. *Matth.* 10.

3. *Ant.* Jesus appella ses disciples, & en choisit douze d'entre eux, qu'il nomma Apôtres. Le premier, Simon à qui il donna le nom de Pierre.

℣. Dominus elevat pauperem, ut sedeat cum principibus. ℟. Et solium gloriæ teneat. 1. *Rois*, 2.

℣. Le Seigneur éleve l'indigent pour le faire asseoir entre les princes, ℟. Et lui donne un thrône de gloire.

Pater noster. *tout bas.*

℣. Et ne nos inducas in tentationem ; ℟. Sed libera nos à malo.

℣. Et ne nous abandonnez pas à la tentation ; ℟. Mais délivrez nous du mal.

ABSOLUTION. 2. *Mach* 1.

ADaperiat Deus cor nostrum in lege sua & in præ-

QUe Dieu ouvre notre cœur à sa loi & à ses préceptes, & qu'il nous donne à tous un cœur docile, afin que nous l'adorions. ℟. Amen.

ceptis suis, & det nobis cor omnibus, ut colamus eum. ℟. Amen.

Bénédiction.

Que le Dieu de gloire, le Pere de notre Seigneur Jesus-Christ, nous donne l'esprit de sagesse & d'intelligence. *Eph.* 1. ℟. Amen.

Deus Domini nostri Jesu Christi, Pater gloriæ, det nobis spiritum sapientiæ. ℟. Amen.

Leçon I.

Des Actes des Apôtres. *Chap.* 11.

De Actibus Apostolorum.

LEs Apôtres & les freres qui étoient dans la Judée, apprirent que les Gentils mêmes avoient reçu la parole de Dieu. Et lorsque Pierre fut venu à Jerusalem, les Fideles circoncis disputoient contre lui, & lui disoient : Pourquoi avez-vous été chez des hommes incirconcis, & avez-vous mangé avec eux ? Mais Pierre commença à leur raconter par ordre comment la chose s'étoit passée : Lorsque j'étois, dit-il, dans la ville de Joppé, en priére, il me survint un ravissement d'esprit, & j'eus une vision dans laquelle je vis descendre du ciel comme

AUdierunt Apostoli, & fratres qui erant in Judæa, quoniam & gentes receperunt verbum Dei. Cùm autem ascendisset Petrus Jerosolymam, disceptabant adversùs illum, qui erant ex circumcisione, dicentes : Quare intrcisti ad viros præputium habentes, & manducasti cum illis ? Incipiens autem Petrus exponebat illis ordinem, dicens : Ego eram in civitate Joppæ orans, & vidi in excessu mentis visionem , defcendens vas quoddam, velut linteum magnum , quatuor initiis fummitti de cœlo , & venit ufque ad me : in quod intuens confiderabam , & vidi quadrupedia terræ, & beftias , & reptilia , & volatilia cœli. ¶ Tu autem, Domine , miferere roftrî.

une grande nappe tenue par les quatre coins , qui s'abbaiffoit & venoit jufqu'à moi ; & la confidérant avec attention , j'y vis des animaux terreftres à quatre pieds , des bêtes fauvages , des reptiles , & des oifeaux du ciel. ¶ Mais vous, Seigneur, ayez pitié de nous.

¶ *On termine ainfi toutes les Leçons de l'Office.*

℟. Sufcitabo fuper oves meas paftorem unum qui pafcat eas : * Ipfe erit eis in paftorem ; ego autem Dominus ero eis in Deum, & fervus meus princeps in medio eorum. ℣. Ex his funt qui refiftunt veritati , corrupti mente, reprobi circa fidem ; fed u'trà non proficient. * Ipfe erit. Gloria Patri. * Ipfe erit. *Ezech.* 34. *2. Timoth.* 3.

℟. Je fufciterai fur mes ouailles le pafteur unique pour les paître : * Il leur tiendra lui-même lieu de pafteur ; mais moi qui fuis le Seigneur, je ferai leur Dieu , & mon ferviteur fera au milieu d'elles comme leur prince. ℣. De ce nombre font ceux qui refiftent même à la vérité , corrompus dans l'efprit , & pervertis dans la foi ; mais le progrès qu'ils feront , aura fes bornes. * Il leur tiendra. Gloire au Pere. * Il leur tiendra.

Bénédiction.

Que le Fils de Dieu nous donne l'intelligence, afin que nous connoissions le vrai Dieu.

℞. Amen.

Filius Dei det nobis sensum, ut cognoscamus verum Deum. 1. *Jean*, 5.

℞. Amen.

LEÇON II.

J'Entendis aussi une voix qui me dit : Pierre, levez-vous, tuez & mangez. Je répondis, Je n'ai garde, Seigneur ; car jamais rien d'impur & de souillé n'entra dans ma bouche. Et la voix me parlant du ciel une seconde fois, me dit : N'appellez pas impur ce que Dieu a purifié. Cela se fit jusqu'à trois fois ; & ensuite toutes ces choses furent retirées dans le ciel. Au même temps trois hommes qui avoient été envoyés vers moi de la ville de Césarée, se présenterent à la porte de la maison où j'étois ; & l'Esprit me dit que j'allasse avec eux, sans en faire aucune difficulté. Ces six de nos freres que vous voyez vinrent aussi avec moi, & nous entrâmes dans la maison de cet homme, qui nous raconta aussi comment il avoit vû en sa

AUdivi autem & vocem dicentem mihi : Surge, Petre, occide, & manduca. Dixi autem : Nequaquam, Domine ; quia commune aut immundum nunquam introivit in os meum. Respondit autem vox secundò de cœlo : Quod Deus mundavit, tu ne commune dixeris. Hoc autem factum est per ter : & recepta sunt omnia rursum in cœlum. Et ecce viri tres confestim astiterunt in domo in qua eram, missi à Cæsarea ad me. Dixit autem Spiritus mihi ut irem cum illis, nihil hæsitans. Venerunt autem mecum & sex fratres isti, & ingressi sumus in domum viri. Narravit autem nobis quomodò vidisset Angelum in domo sua, stantem & dicentem sibi : Mitte in Joppen, & accersi Simonem, qui cognominatur Petrus ; qui loquetur tibi verba, in quibus salvus eris tu, & universa domus tua.

maison un Ange qui s'étoit présenté devant lui, & lui avoit dit : Envoyez à Joppé, & faites venir Simon surnommé Pierre ; il vous dira des paroles par lesquelles vous serez sauvé vous & toute votre maison.

Tu autem, &c.

℞. Liberabo oves meas de omnibus locis in quibus dispersæ fuerant in die nubis & caliginis, & inducam eas in terram suam : * In pascuis uberrimis pascam eas. ℣. Ego cognosco oves meas, & cognoscunt me meæ. * In pascuis. Gloria Patri. * In pascuis. *Ezéch.* 34. *Jean,* 10.

℞. Je délivrerai mes brebis de tous les lieux où elles avoient été dispersées aux jours pleins de nuage & d'obscurité, je les ferai revenir dans leur propre terre. * Je les menerai paître dans les pâturages les plus fertiles. ℣. Je connois mes brebis, & mes brebis me connoissent. * Je les menerai. Gloire au Pere. * Je.

Bénédiction.

Spiritus veritatis doceat nos omnem veritatem. *Jean,* 16.
℞. Amen.

Que le Dieu de vérité nous enseigne toute vérité.
℞. Amen.

Leçon III.

CUm autem cœpissem loqui, cedidit Spiritus sanctus super eos, sicut

QUand j'eus commencé à leur parler, le Saint-Esprit descendit sur eux, comme il étoit descendu fur nous au commencement. Alors je me fouvins de cette parole du Seigneur : Jean a baptifé dans l'eau ; mais vous ferez baptifés dans le Saint-Efprit. Puis donc que Dieu leur a donné la même grace qu'à nous, qui avons cru au Seigneur Jefus-Chrift, qui étois-je moi, pour empêcher le deffein de Dieu ? Ayant entendu ce difcours de Pierre, ils s'appaiferent, & glorifiérent Dieu, en difant : Dieu a donc auffi fait part aux Gentils du don de la pénitence qui mene à la vie.

& in nos in initio. Recordatus fum autem verbi Domini, ficut dicebat : Joannes quidem baptizavit in aqua ; vos autem baptizabimini Spiritu fancto. Si ergo eamdem gratiam dedit illis Deus, ficut & nobis qui credidimus in Dominum Jefum Chriftum, ego quis eram qui poffem prohibere Deum ? His auditis, tacuerunt, & glorificaverunt Deū, dicentes : Ergo & gentibus pœnitentiam dedit Deus ad vitam. Tu autem.

℞. Je raffemblerai les enfans d'Ifraël ; & à l'avenir ils ne feront plus deux peuples : ils ne fe fouilleront plus par leurs idoles ; * Et † Ils feront mon peuple. ℣. J'ai d'autres brebis qui ne font pas de cette bergerie ; il faut que je les améne, & elles écouteront ma voix. * Et ils feront. Gloire au Pere. † Ils feront.

℞. Congregabo filios Ifrael ; & non erunt ultrà duæ gentes, neque polluentur in idolis fuis : * Et † Erunt mihi populus. ℣. Alias oves habeo quæ non funt ex hoc ovili ; illas oportet me adducere, & vocem meam audient. * Et erunt. Gloria. † Erunt.

Eʒéch. 37. *Jean,* 10.

On répete ce Répons jufqu'au ℣.

AU II. NOCTURNE.

4. *Ant.* Multi discipulorum Jesu abierunt retrò. Dixit ergo Jesus ad duodecim : Numquid & vos vultis abire ? *Jean,* 6.

4. *Ant.* Plusieurs des disciples de Jesus se retirerent de sa suite. Et Jesus sur cela dit aux douze Apôtres : Et vous, ne voulez-vous point aussi me quitter ?

5. *Ant.* Respondit Jesu Simon Petrus : Domine, ad quem ibimus ? verba vitæ æternæ habes. *Jean,* 6.

5. *Ant.* Simon-Pierre répondit à Jesus : A qui irions-nous, Seigneur ? vous avez les paroles de la vie éternelle.

6. *Ant.* Nos credidimus & cognovimus quia tu es Christus Filius Dei. *Jean,* 6.

6. *Ant.* Nous croyons & nous sçavons que vous êtes le Christ, Fils de Dieu.

℣. Ædificabo in generationem & generationem ℟. Sedem tuam. *Ps.* 88.

℣. J'affermirai son thrône ℟. Dans toute sa postérité.

Pater noster. ℣. Et ne nos, &c.

ABSOLUTION. 3. *Rois,* 8.

DEus noster inclinet corda nostra ad se ; ut custodiamus mandata ejus. ℟. Amen.

QUe notre Dieu incline nos cœurs vers loi ; afin que nous gardions ses commandemens. ℟. Amen.

Bénédiction.

D us det nobis illum natos oculos cordis ; ut sciamus

Que Dieu éclaire les yeux de notre cœur ; afin que nous sçachions quelle est l'espérance à laquelle il nous a appellés, & quelle est la gloire de l'heritage qu'il a préparé aux Saints.

℟. Amen.

quæ sit spes vocationis ejus in Sanctis. *Ephes.* 1.

℟. Amen.

Leçon IV.

Sermon de S. Leon Pape.

Sermo sancti Leonis Papæ.

Serm. 80.

LEs douze Apôtres, après avoir reçu du Saint-Esprit le don de parler toutes les langues, partagerent entre eux l'univers, & entreprirent de porter par-tout le flambeau de l'Evangile. Saint Pierre leur chef fut destiné pour l'Empire Romain, afin que la lumiére de l'Evangile, qui alloit briller pour le salut de toutes les nations, partît de la capitale du monde entier, & se répandît avec plus de succès dans toutes ses parties. Cette ville fameuse renfermoit alors dans son sein des hommes de toutes les nations ; & les pays même les plus éloignés ne pouvoient ignorer ce que Rome avoit appris.

CUm duodecim Apostoli, acceptâ per Spiritum sanctum omnium locutione linguarum, imbuendum Evangelio mundum distributis sibi terrarum partibus suscepissent ; beatissimus Petrus princeps apostolici ordinis ad arcem Romani destinatur Imperii, ut lux veritatis quæ in omnium gentium revelabatur salutem, efficaciùs se ab ipso capite per totum mundi corpus effunderet. Cujus autem nationis homines in hac urbe non essent, aut quæ usquam gentes ignorarent quod Roma didicisset ? Tu autem.

℟. Erit quasi pater habitantibus Jerusalé & domui Juda : & figam illum paxillum in loco fideli ; * Et † Erit in solium gloriædomui patris ejus. ℣. Dabo ei sedere mecum in throno meo ; * Et erit. Gloria Patri. † Erit. *If. 22. Apoc. 3.*

℟. Il sera comme le pere des habitans de Jerusalem & de la maison de Juda ; je le ferai entrer comme un bois qu'on enfonce dans un lieu fermé. * Et † Il sera comme un thrône de gloire pour la maison de son pere. ℣. Je le ferai asseoir avec moi sur mon thrône ; * Et il sera. Gloire au Pere. † Il sera.

Bénédiction.

Dignos nos faciat in partem sortis Sanctorum, qui eripuit nos de potestate tenebrarum. *Coloss. 1.* ℟. Amen.

Que celui qui nous a arrachés de la puissance des ténébres, nous rende dignes d'avoir par à l'heritage des Saints. ℟. Amen.

Leçon V.

Hic conculcandæ philosophicæ opiniones ; hîc dissolvendæ erant terrenæ sapientiæ vanitates ; hîc confutandi dæmonum cultus ; hic omnium sacrificiorum impietas destruenda, ubi diligentissimâ superstitione habebatur collectum, quidquid usquam fuerat vanis erroribus institutum. Ad hanc ergo urbem

POur établir à Rome la Religion chrétienne, il falloit combatre les opinions des philosophes, dévoiler & confondre les détours de la sagesse mondaine, détruire le culte des démons, & abolir tous les sacrifices impies. En effet la superstition avoit rassemblé dans Rome, avec la plus scrupuleuse exactitude, toutes les cérémonies sacriléges que l'erreur avoit introduites chez les différents peuples de la terre. C'eſt donc vers cette ville, S. Pierre, que vous marchez avec confiance ; & partageant vos glorieux travaux avec Paul, qui étoit alors occupé à l'adminiſtration d'autres Egliſes, vous entrez dans ce ſéjour de l'idolatrie, qui étoit ſemblable à une forêt remplie de bêtes féroces, & à l'océan toujours agité de tempêtes. Quelle force vous anime ! On ne voit plus en vous les ſentimens de frayeur, qui vous étoient échapés en marchant ſur les flots.

℟. Il lui donna le pouvoir de publier ſes préceptes, ſes volontés, & ſon alliance, pour apprendre ſes ordonnances à Jacob, & * Pour donner à Iſraël la lumiére & l'intelligence de ſa loi. ℣. C'eſt lui qui a reçu les paroles de vie pour nous les donner ; * Pour. Gloire au Pere. * Pour.

tu, beatiſſime Apoſtole Petre, venire non metuis ; & conforte gloriæ tuæ Paulo Apoſtolo, aliarum adhuc Eccleſiarum ordinationibus occupato, ſylvam iſtam frementium beſtiarum, & turbulentiſſimæ profunditatis oceanum, conſtantior quàm cùm ſupra mare graderentis, ingrederis. Tu autem, Domine, miſerere noſtri.

℟. Dedit illi in præceptis ſuis poteſtatem, in teſtamentis judiciorum, docere Jacob teſtimonia, & in lege ſua * Lucem dare Iſrael. ℣. Hic eſt qui accepit verba vitæ dare nobis, * Lucem. Gloria Patri. * Lucem. *Eccli.* 45. *Actes*, 7.

Bénédiction.

Ouvrons les yeux à la lumiére ; afin que nous ſortions des ténébres, &

Aperiantur oculi noſtri ; ut convertamur à tenebris ad

lucem , & accipiamus sortem inter Sanctos. *Act.* 26.

℞. Amen.

que nous ayons part à l'heritage des Saints.

℞. Amen.

Leçon VI.

JAm populos qui ex circumcisione crediderant , erudieras : jam Antiochenam Ecclesiam , ubi primùm christiani nominis dignitas est orta , fundaveras ; jam Pontum , Galatiam , Cappadociam , Asiam , atque Bithyniam legibus evangelicæ prædicationis impleveras : nec ut dubius de provectu operis , aut de spatio tuæ ignarus ætatis , trophæum crucis Christi Romanis arcibus inferebas , quò te divinis præordinationibus anteibant , & honor potestatis , & gloria passionis. Tu autem.

℞. Speculatorem dedi te domui Israel. * Audiens ergo ex ore meo sermonem , † Annun-

VOus aviez déja instruit les Juifs convertis : vous aviez fondé l'Eglise d'Antioche , qui fut , pour ainsi dire , le berceau du nom chrétien. Déja le Pont , la Galatie , la Cappadoce, l'Asie , & la Bithynie avoient adopté les loix de l'Evangile. Assuré du succès de votre entreprise , & du temps qui vous restoit pour la consommer , vous portiez le trophée de la croix de Jesus-Christ pour l'arborer sur le capitole. C'étoit-là que vous conduisoient les ordres du Ciel , la plénitude de votre puissance, & le desir de sceller votre foi par l'effusion de votre sang.

℞. Je vous ai établi pour servir de sentinelle à la maison d'Israël : vous écouterez les paroles de ma bouche, * Et † Vous leur annoncerez ce que je vous aurai dit. ℣. Je vous ai établi, afin que vous soyez leur salut jusqu'aux extrémités de la terre. * Et vous. Gloire au Pere. † Vous.

nuntiabis eis ex me. ℣. Posui te ut sis in salutem usque ad extremum terræ. * Audiens. Gloria Patri. † Annuntiabis. *Ezech.* 33. *Actes,* 13.

On répete le ℟. *jusqu'au* ℣.

AU III. NOCTURNE.

7. *Ant.* Jesus dit à ses disciples : Vous autres, qui dites-vous que je suis ? Simon-Pierre prenant la parole, lui dit : Vous êtes le Christ Fils du Dieu vivant.

7. *Ant.* Dicit discipulis suis Jesus : Quem me esse dicitis ? Respondens Simon Petrus, dixit : Tu es Christus Filius Dei vivi. *Matth.* 16.

8. *Ant.* Jesus dit à Simon : Vous êtes bienheureux Simon fils de Jean ; parce que ce n'est point la chair & le sang qui vous ont révélé ceci, mais mon Pere qui est dans les cieux.

8. *Ant.* Jesus dixit Simoni : Beatus es, Simon Barjona ; quia caro & sanguis non revelavit tibi, sed Pater meus qui in cœlis est. *Matth.* 16.

9. *Ant.* Pierre étoit tout épouvanté, aussi bien que tous ceux qui étoient avec lui, de la pêche des poissons qu'ils avoient faite. Mais Jesus lui dit : Ne craignez point ; votre emploi sera désormais de prendre des hommes.

9. *Ant.* Stupor circumdederat Petrum, & omnes qui cum illo erant in captura piscium quam ceperant. Et ait illi Jesus : Noli timere, ex hoc jam eris homines capiens. *Luc.* 5.

℣. Il l'établit le maître

℣. Constituit eum

dominum domûs suæ, ℟. Et principem omnis possessionis suæ. *Ps.* 104.

de sa maison, ℟. Et comme le prince de tout ce qu'il possédoit.

Pater noster. ℣. Et ne nos, &c.

ABSOLUTION. 2. *Mach.* 1.

DEus meminerit testamenti sui quod locutus est, & exaudiat orationes nostras.
℟. Amen.

QUe Dieu se souvienne de l'alliance qu'il a contractée avec son peuple, & qu'il éxauce nos priéres.
℟. Amen.

Bénédiction.

Detur nobis sermo in apertione oris nostri, cum fiducia notum facere mysterium Evangelii.
℟. Amen.

Que Dieu nous ouvre la bouche, & qu'il nous donne des paroles pour annoncer libremeat le mystere de l'Evangile. *Eph.* 1.
℟. Amen.

LEÇON VII.

Lectio sancti Evangelii secundùm Matthæum.

Lecture du saint Evangile selon S. Matthieu.

Chap. 16.

IN illo tempore; Venit Jesus in partes Cæsareæ Philippi, & interrogabat discipulos suos, dicens; Quem dicunt homines esse Filium hominis? Et reliqua.

EN ce temps-là; Jesus étant venu aux environs de Césarée de Philippe, interrogea ses disciples, & leur dit: Que disent les hommes? Qui disent-ils qu'est le Fils de l'homme? Et le reste.

Homélle de S. Hilaire Evêque.

Sur le chap. 16. de S. Matth.

JEsus-Christ demanda à ses disciples quelle idée les hommes avoient de lui , ce qu'ils pensoient du Fils de l'homme ? Car en le reconnoissant pour Fils de Dieu, nous ne devons pas oublier qu'il est aussi Fils de l'homme. La confession de l'un sans l'autre seroit absolument infructueuse pour notre salut. Les Apôtres ayant exposé à notre divin Sauveur les opinions des hommes à son sujet, il leur demande ensuite ce qu'ils en pensent eux-mêmes. Pierre répond aussi-tôt : Vous êtes le Christ Fils du Dieu vivant. Ce grand Apôtre avoit senti toute l'étenduë de la question de Jesus Christ, qui lui avoit dit : Qu'est-ce que les hommes pensent de moi ? Que je suis le Fils de l'homme ? En effet , la réalité de son corps ne decouvroit aux yeux que le Fils de l'homme. Mais en ajoûtant : Qui disent-ils que je suis ? il fait entendre qu'il ne falloit pas for-

Homilia sancti Hilarii Episcopi.

CHristus à discipulis requirit quem se homines esse dicerent ? & adjecit , Filium hominis. Hæc enim confessionis tenenda ratio est , ut sicut Dei Filium , ita & Filium hominis meminerimus ; quia alterum sine altero nihil spei tribuit ad salutem. Editis itaque quæ diversæ de eo erant hominum opinionibus , quid de se ipsi sentiant quærit. Petrus respondit : Tu es Christus Filius Dei vivi. Sed Petrus conditionem propositionis expenderat. Dominus enim dixerat: Quem me homines esse dicunt ? Filium hominis ? Et certè Filium hominis contemplatio corporis præferebat. Sed addendo, Quem me esse dicunt ? significavit , præter id

quod in se videba-
tur , esse aliud sen-
tiendum : erat enim
hominis Filius. Tu
autem.

℟. Quem dicunt
homines esse Filium
hominis ? dicit Jesus
discipulis suis. Res-
pondens Petrus , di-
xit : Tu es Christus
Filius Dei vivi. Ait
Jesus : Et ego dico
tibi , * Quia tu es
Petrus , & super
hanc petram ædifi-
cabo Ecclesiam
meam. ℣. Pastor
egressus est , lapis
Israel : Deus omni-
potens benedicet ti-
bi ; * Quia tu es.
Gloria Patri. * Quia.
Matth. 16. *Gen.* 49.

mer uniquement sur ce
qu'on voyoit en lui , le jugement qu'on en portoit ;
car il étoit véritablement
le Fils de l'homme.

℟. Jesus dit à ses dis-
ciples : Que disent les hommes ? Qui disent-ils qu'est
le Fils de l'homme ? Pierre prenant la parole lui
dit : Vous êtes le Christ
Fils du Dieu vivant. Jesus
lui répondit : Et moi aussi
je vous dis que * Vous
êtes Pierre , & que sur
cette pierre je bâtirai mon
Eglise. ℣. Il est sorti pour
être le Pasteur & la force
d'Israël. Le Dieu tout-
puissant vous comblera de
bénédictions. * Vous êtes.
Gloire au Pere. * Vous
êtes.

Bénédiction.

Occurramus om-
nes in unitatem fi-
dei , & agnitionis
Filii Dei ; ut ron
circumferamur om-
ni vento doctrinæ.
Ephes. 4. ℟. Amen.

Efforçons-nous de pa-
venir tous à l'unité de la
foi , & de la connoissance
du Fils de Dieu ; afin que
nous ne nous laissions pas
emporter à tous les vents
des opinions humaines.
℟. Amen.

LEÇON VIII.

QUod igitur de
se opinandi ju-
dicium desiderabat ?

QUel jugement notre
Seigneur vouloit-il
donc qu'on portât de lui ?

Il ne vouloit pas qu'on se bornât à ce que lui même en avoit dit ; mais sa question étoit sur sa divinité, cachée aux yeux du corps, mais que la foi des fideles devoit découvrir en lui. Pierre reconnut en Jesus-Christ le Fils de Dieu, à travers les voiles de l'humanité : aussi sa foi fut-elle récompensée, comme elle le méritoit. Que cet Apôtre fut heureux d'avoir vû par les lumiéres de la foi, ce que les foibles regards ne pouvoient appercevoir! Il reçut son éloge de la bouche de la Vérité même. En effet, sans s'arrêter à la chair & au sang, il découvrit par la révélation du Pere céleste, la divinité de l'Homme-Dieu ; & il eut le glorieux avantage de reconnoître le premier ce qu'il y avoit de divin en Jesus-Christ. Quel honneur pour ce grand Apôtre de recevoir le nom de Pierre,& d'être choisi pour le fondement de l'Eglise , qui devoit abolir la puissance de l'enfer , & briser les portes & toutes les barriéres de la mort! O heureux Apô-

Non illud arbitramur, quod de se ipse confessus est : sed occultum erat de quo quærebatur, in quod se credentium fides debebat extendere. Et dignum planè confessio Petri præmium consecuta est , quia Dei Filium in homine vidisset. Beatus hic est, qui ultrà humanos oculos & intendisse & vidisse laudatus est : non id quod ex carne & sanguine erat contuens , sed Dei Filium cœlestis Patris revelatione conspiciens ; dignusque judicatus , qui quod in Christo Dei esset, primus agnosceret. O in nuncupatione novi nominis felix Ecclesiæ fundamentum, dignaque ædificatione illius Petra , quæ infernas leges, & tartari portas, & omnia mortis claustra dissolveret! O beatus cœli janitor, cujus arbitrio claves æterni aditùs traduntur, cujus terreltre judicium præjudicata auctoritas lit in cœlo ; ut quæ in terris aut ligata lint, aut foluta, ftatuti ejufdem conditionem obtineant & in cœlo ! Tu autem.

℟. Tibi dabo claves regni cœlorum : * Et quodcumque ligaveris fuper terram, erit ligatum & in cœlis ; & quodcumque folveris fuper terram, erit folutum & in cœlis. ℣. Vocabo fervum meum, & dabo clavem domûs David fuper humerum ejus. * Et quodcumque. Gloria Patri. * Et quodcumque ligaveris fuper terram. *Matth.* 16. *If.* 22.

tre, qui avez reçu les clefs du royaume des cieux, & dont le jugement eft ratifié par le Pere célefte ! votre pouvoir eft li abfolu, que tout ce que vous liez ou déliez fur la terre, eft lié ou délié dans le ciel.

℟. Je vous donnerai les clefs du royaume des cieux ; * Et tout ce que vous lierez fur la terre, fera auffi lié dans les cieux ; & tout ce que vous délierez fur la terre, fera auffi délié dans les cieux. ℣. J'appellerai mon ferviteur, & je mettrai fur fon épaule la clef de la maifon de David. * Et tout ce que vous lierez fur la terre. Gloire au Pere. * Et tout ce que vous lierez fur la terre, fera auffi lié dans les cieux.

Bénédiction.

Fulgeat nobis illuminatio Evangelii gloriæ Chrifti, qui eft imago Dei. *2. Cor.* 4. ℟. Amen.

Que la lumiére de l'Evangile de la gloire de Jefus-Chrift qui eft l'image de Dieu, luife fur nous. ℟. Amen.

Leçon IX.

Lecture du saint Evangile selon S. Jean.

Lectio sancti Evangelii secundum Joannem.

Chap. 2.

EN ce temps-là ; Il se fit des noces à Cana en Galilée ; & la mere de Jesus y étoit. Jesus fut aussi convié aux noces avec ses disciples. Et le reste.

IN illo tempore : Nuptiæ factæ sunt in Cana Galilææ, & erat mater Jesu ibi : vocatus est autem & Jesus, & discipuli ejus ad nuptias. Et reliqua.

Homélie de S. Augustin Evêque.

Homilia sancti Augustini Episcopi.

Traité 8. sur S. Jean.

QUi peut considérer les merveilles de la divine Providence dans le gouvernement de l'univers, sans en être frapé, &, pour ainsi dire, opprimé ? Cependant parce que les hommes appliqués à d'autres objets, n'envisagent plus les ouvrages de Dieu, qui les porteroient à louer leur Créateur ; il fait éclater de temps en temps des prodiges nouveaux, pour réveiller les mortels de leur assoupissement, & les engager à lui rendre le culte qui lui est dû. Il a operé

QUis est qui considerat opera Dei, quibus regitur totus hic mundus, & non obstupescit obruiturque miraculis ? Sed quia homines in aliud intenti perdiderunt considerationem operum Dei, in qua darent laudem creatori ; servavit sibi Deus inusitata quædam quæ faceret, ut tanquam dormientes homines ad se colendum mirabilibus excitaret. Priora miracula fecit per Verbū ſuum Deum apud ſe ; poſteriora fecit per ipſum Verbum ſuum incarnatum. Cùm ergo tanta videamus facta per Deum Jeſum , quid miramur aquam in vinum converſam per hominem Jeſum? Ipſe fecit hoc , qui illa omnia. Tu autem.

℞. Dixit Dominus Petro : Quis putas eſt fidelis diſpenſator & prudens, quem conſtituit dominus ſuper familiam ſuam ? * Verè dico vobis , quoniam † Supra omnia quæ poſſidet, conſtituet illum. ℣. Ipſe ſedebit ſuper ſolium meum pro me, illique præcipiam ut ſit dux ſuper Iſrael. * Verè dico vobis. Gloria. † Supra. *Luc,* 12. 3. *Rois,* 1.

les premiéres merveilles par ſon Verbe , Dieu avec lui , & renfermé dans ſon ſein ; & il opére maintenant les autres par ce même Verbe incarné. Puiſque Jeſus-Chriſt comme Dieu a fait tant de miracles , pourquoi ſommes-nous étonnés de le voir devenu homme , changer l'eau en vin ? Les uns & les autres ſont également marqués au coin de la divinité.

℞. Le Seigneur dit à Pierre : Qui eſt le diſpenſateur fidéle & prudent, que le maître a établi ſur ſes ſerviteurs ? * Je vous dis en vérité, qu' †Il l'établira ſur tous les biens qu'il poſſede. ℣. Il viendra s'aſſeoir ſur mon thrône après moi , & je lui ordonnerai d'être le chef ſur Iſraël. * Je vous dis en vérité , qu'il l'établira. Gloire au Pere. † Il l'établira ſur tous les biens qu'il poſſede.

On répete le ℞. *juſqu'au* ℣.

Te Deum. *pag.* 37.

Verset Sacerdotal.

Vous qui êtes le peuple du Seigneur, & qu'il nourrit comme ses brebis, ℟. Entrez pár les portes de son tabernacle en l'honorant par vos louanges.

Populus Domini, & oves pascuæ ejus, ℟. Introite portas ejus in confessione. *Psf.* 99.

A LAUDES,

ET AUX HEURES.

Pseaumes du Dimanche.

1. *Ant.* SImon, Simon, dit le Seigneur, Satan a demandé à vous cribler comme on crible le froment : mais j'ai prié pour vous.

1. *Ant.* AIt Dñus: Simon, Simon, ecce satanas expetivit vos, ut cribraret sicut triticum; ego autem rogavi pro te. *Luc*, 22.

2. *Ant.* J'ai prié mon Pere, afin que votre foi ne vienne point à manquer : & vous, quand vous serez revenu de votre égarement, affermissez vos freres.

2. *Ant.* Ego rogavi, ut non deficiat fides tua ; & tu aliquando conversus, confirma fratres tuos. *Luc*, 22.

3. *Ant.* Jesus dit à Simon Pierre : Simon fils de Jean, m'aimez-vous plus que ne m'aiment ceux-ci ? Oui, Seigneur, répondit-il ; vous sçavez que je vous aime. Paissez mes agneaux, lui dit Jesus.

3. *Ant.* Dicit Jesus Simoni Petro : Simon Joannis, diligis me plùs his ? Dicit ei : Etiam, Domine; tu scis quia amo te. Dicit ei : Pasce agnos meos. *Jean*, 21.

Au lieu du Cantique Benedicite. *on dit le suivant.*

CANTIQUE. *Isaïe,* 22.

ERit in die illa : * vocabo servum meum Eliacim filium Helciæ.

Et induam illum tunicâ tuâ, & cingulo tuo confortabo eum, * & potestatem tuam dabo in manu ejus :

Et erit quasi pater habitantibus Jerusalem, * & domui Juda.

Et dabo clavem domûs David super humerum ejus : * & aperiet, & non erit qui claudat ; & claudet, & non erit qui aperiat.

Et figam illum paxillum in loco fideli, * & erit in solium gloriæ domui patris ejus.

Et suspendent super eum omnem gloriam domûs patris ejus, * vasorum diversa genera, om-

EN ce jour-là, j'appellerai mon serviteur Eliacim fils d'Helcias.

Je le revêtirai de votre tunique, je l'honorerai de votre ceinture, je lui remettrai entre les mains toute la puissance que vous avez.

Et il sera comme le pere des habitans de Jerusalem, & de la maison de Juda.

Je mettrai sur son épaule la clef de la maison de David : il ouvrira sans qu'on puisse fermer, & il fermera sans qu'on puisse ouvrir.

Je le ferai entrer comme un bois qu'on enfonce dans un lieu ferme ; & il sera comme un thrône de gloire pour la maison de son pere.

Toute la gloire de la maison de son pere reposera, & sera comme suspendue sur lui : on y mettra des vases de diverses fortes, toutes fortes de petits inftrumens, depuis les coupes jufqu'aux inftrumens de mufique.

Gloire au Pere, &c.

4. *Ant.* Il lui dit pour la feconde fois : Simon fils de Jean, m'aimez-vous ? Pierre lui répondit : Seigneur, qui connoiffez toutes chofes; vous fçavez que je vous aime. Jefus lui dit : Paiffez mes agneaux.

5. *Ant.* Jefus dit à Pierre pour la troifiéme fois : Simon fils de Jean, m'aimez-vous ? Pierre s'affligea de ce que Jefus lui demandoit pour la troifiéme fois, M'aimez-vous ? & il lui répondit : Seigneur qui connoiffez toutes chofes, vous fçavez que je vous aime. Jefus lui dit : Paiffez mes brebis.

ne vas parvulum à vafis craterarum ufque ad omne vas muficorum.

Gloria Patri, &c.

4. *Ant.* Dicit ei iterum: Simon Joannis, diligis me ? Ait illi : Etiam, Domine ; tu fcis quia amo te. Dicit ei : Pafce agnos meos. *Jean,* 21.

5. *Ant.* Dicit ei tertiò: Simon Joannis, amas me ? Contriftatus eft Petrus, & dixit : Domine, tu omnia nofti, tu fcis quia amo te. Dixit ei : Pafce oves meas. *Jean,* 21.

CAPITULE 1. *Pierre,* 5.

VOici la priére que je fais aux Prêtres qui font parmi vous, moi qui fuis prêtre comme eux, & témoin des fouffrances de Jefus-Chrift, & qui dois avoir part à fa gloire, qui fera un jour manifeftée : Paiffez le troupeau de Dieu, qui vous eft confié.
℟. Rendons graces à Dieu.

SEniores qui in vobis funt obfecro, confenior & teftis Chrifti paffionum, qui & ejus quæ in futuro revelanda eft, gloriæ communicator : Pafcite qui in vobis eft gregem Dei.
℟. Deo gratias.

F iv

HYMNE.

QUALIS pote-
stas , Petre ,
  quis terris ho-
  nos ,
Cui jura Christus
  ipse concessit sua !
Quidquid ligabis ,
  quidquid & solves
  solo ,
Hoc & ligabit , sol-
  vet & polo Deus.
Tui probato cor-
  dis affectu , suum
Pastor supremus cre-
  didit tibi gregem :
Serva , tuere , pasce
  nos , pastor bone ;
Illius & nos , Petre ,
  pars gregis sumus.

PATRI supremo sit
  suprema gloria :
Tibique laudes totus
  orbis concinat ,
Æterne Fili , splen-
  dor æterni Patris :
Compar sit almo
  laus decusque Fla-
  mini.
  Amen.
℣. Posui adjuto-
  rium in potente ,
℟. Et exaltavi ele-
  ctum de plebe mea.

PRince des Apôtres ,
que votre puissance est
grande , & que le rang
que vous occupez est su-
blime , vous à qui Jesus-
Christ même confie toute
son autorité ! tout ce que
vous lierez ou délierez sur
la terre , Dieu le liera ou
le déliera dans le ciel.

Le souverain Pasteur ,
après avoir éprouvé votre
amour pour lui , vous confie lui même son troupeau :
défendez-nous donc , ô
Pasteur fidéle ; conservez-
nous , & nourrissez-nous ,
puisque nous faisons aussi
partie de ce troupeau.

Gloire infinie au Pere :
que tout l'univers célébre
aussi vos louanges , Fils
éternel , la splendeur du
Pere : & qu'il rende le
même hommage au Saint-
Esprit.
Amen.

℣. J'ai établi un homme
puissant , pour être l'ins-
trument de ma protection :
℟. J'ai élevé d'entre mon
peuple celui que j'ai choisi.

A Benedictus. *Ant.*

L'Eglise s'établissoit, marchant dans la crainte du Seigneur, & remplie de la consolation du Saint-Esprit ; mais Pierre les surpassoit tous. *Act.* 9.

Ecclesia ædificabatur, ambulans in timore Domini, & consolatione sancti Spiritûs replebatur : Petrus autem pertransibat universos.

ORAISON.

O Dieu qui avez décoré vos fideles du nom Chrétien dans la chaire que saint Pierre a établie à Antioche; & qui avez posé le fondement de l'unité catholique dans celle qu'il a établie à Rome : faites-nous la grace de respecter la sainteté de l'une & de l'autre de telle maniére, que la pureté de nos mœurs & la catholicité de notre foi puissent toujours faire notre gloire ; Par notre Seigneur Jesus-Christ.

DEus, qui in cathedra quam beatus Petrus instituit Antiochiæ, nomine Christiano tuos decorasti fideles ; & in altera quam Romæ collocavit, unitatis catholicæ posuisti firmitatem : da nos sanctitatem utriusque ita venerari, ut dotibus christianis & catholicâ communione semper gloriemur ; Per Dominum nostrum.

Dominus vobiscum, &c. Benedicamus, &c.

Mémoire du II. Dim. après l'Epiphanie.

Ant. Le maître-d'hôtel ayant goûté de cette eau qui avoit été changée en vin, il appella l'époux, & lui dit : Vous avez réservé jusqu'à cette heure le bon vin.

Ant. Ut gustavit architriclinus aquam vinum factam, vocat sponsum, & dicit ei : Servasti bonum vinum usque adhuc. *Jean,* 2.

F v

℣. Intende, prosperè procede, ℟. Et regna propter veritatem, & mansuetudinem, & justitiam. *Pf.* 44.

℣. Avancez-vous & soyez heureux: ℟. Etablissez votre régne par le ministére de la vérité, de la douceur, & de la justice.

Oraison.

OMnipotens sempiterne Deus, qui cœlestia simul & terrena moderaris : supplicationes populi tui clementer exaudi, & pacem tuam nostris concede temporibus ; Per Dominum nostrum Jesum Christum.

DIeu tout-puissant & éternel, qui gouvernez le ciel & la terre : écoutez favorablement les priéres de votre peuple, & donnez-nous votre paix dans cette vie ; Par notre Seigneur Jesus-Christ votre Fils, qui étant Dieu vit & régne avec vous, &c.

A PRIME.

1. *Ant.* Ait Dominus. *p.* 125.

℟. *bref.* Christe, Fili Dei vivi, * Miserere nobis. *On répete*, Christe, &c. ℣. Qui natus es de Maria Virgine, * Miserere nobis. Gloria Patri, &c. *Matth.* 16. & 1.

℟. *br.* Jesus, Fils du Dieu vivant, * Ayez pitié de nous. *On répete*, Jesus, Fils, &c. ℣. Vous qui êtes né de la Vierge Marie, * Ayez pitié de nous. Gloire au Pere, & au Fils, &c.

On répete le ℟. jusqu'au ℣.

Versicule „Exurge. & le reste, pag. 60.

CANON.

De la Lettre de saint Cyprien.

Ex sancto Cypriano.

Epît. 40.

IL n'y a qu'un Dieu, un seul Christ, une seule Église, une seule chaire fondée sur S. Pierre par la puissance du Seigneur.

DEus unus est, & Christus unus, & una Ecclesia, & cathedra una super Petrum, Domini voce fundata. Tu autem, &c.

A TIERCE. Ant. Ego. *p.* 125.

CAPITULE. 1. *Paral.* 17.

VOici ce que dit le Seigneur des armées : Je vous ai choisi, lorsque vous meniez paître des troupeaux de moutons, pour vous établir chef de mon peuple d'Israël.

HÆc dicit Dominus exercituum : Ego tuli te, cùm in pascuis sequereris gregem, ut esses dux populi mei Israel.

℟. *br.* Vous ouvrirez mes lévres, Seigneur. * Alleluia, alleluia. ℣. Et ma bouche annoncera vos louanges. * Alleluia, alleluia. Gloire au Pere. Vous ouvrirez.

℟. *br.* Dòmine, * labia mea aperies. * Alleluia, alleluia. ℣. Et os meum * annuntiabit laudem tuam. * Alleluia. Gloria Patri. Domine. *Pf.* 50.

[*A la Septuagésime, on suprime * Alleluia, alleluia, & la reprise se fait au premier astérisque*; & ainsi à Sexte & à None.*]

℣. J'annoncerai votre nòm à mes freres : ℟. Je vous louerai au milieu d'une grande assemblée.

℣. Narrabo nomen tuum fratribus meis : ℟. In medio Ecclesiæ laudabo te. *Pf.* 21.

Oraison, comme à Laudes.

E vj

A LA PROCESSION.

Dicit Simoni Petro Jesus : Simon Joannis, amas me ? Domine, tu omnia nosti ; tu scis quia amo te. Dixit ei :*Pasce oves meas. ℣. Tu pasces populum meum Israel, & tu eris dux super Israel. * Pasce. Gloria Patri. * Pasce. *Jean, 21. 2. Rois, 5.*

℣. Nimis honorificati sunt amici tui, Deus : ℞. Nimis confortatus est principatus eorū. *Ps. 138.*

Jesus dit à Simon Pierre : Simon fils de Jean, m'aimez-vous ? Seigneur, qui connoissez tout, vous sçavez que je vous aime. Jesus lui répondit : Paissez mes brebis. ℣. Vous serez le pasteur de mon peuple d'Israël, & vous en serez le chef. * Paissez mes brebis. Gloire au Pere. * Paissez mes brebis.

℣. Que vos amis sont élevés en gloire, ô mon Dieu ! ℞. Que leur empire est puissamment affermi !

ORAISON.

Deus, qui Ecclesiæ tuæ in sanctis montibus fundamenta posuisti : da ut nullis errorum subruatur incursibus, nullâ mundi perturbatione quatiatur ; sed Apostolicâ semper, & institutione sit firma, & interventione secura ; Per Christum Dominum nostrum. ℞. Amen.

Seigneur, qui avez posé les fondemens de votre Eglise sur la montagne sainte : faites qu'elle ne soit ni renversée par les efforts de l'erreur, ni agitée par les désordres du monde ; mais que fondée sur vos Apôtres, elle soit toujours par leur intercession ferme & inébranlable ; Par Jesus-Christ notre Seigneur. ℞. Amen.

A LA MESSE.

INTROÏT. *Isaïe, 22. Pf. 46.*

J'Appellerai mon serviteur, je le fortifierai, & je lui mettrai la puiffance en main ; & il fera comme le pere des habitans de Jerufalem, dit le Seigneur des armées. *Pf.* Peuples, applaudiffez tous & battez des mains : témoignez à Dieu par des cris de joie votre fainte allegreffe. Gloire au Pere. J'appellerai.

VOcabo fervum meum, & confortabo eum, & poteftatem dabo in manu ejus, & erit quafi pater habitantibus Jerufalem, dicit Dominus exercituum. *Pf.* Omnes gentes, plaudite manibus : * jubilate Deo in voce exultationis. Gloria Patri. Vocabo.

COLLECTE.

O Dieu, qui avez décoré vos fideles du nom Chrétien, dans la chaire que S. Pierre a établie à Antioche ; & qui avez pofé le fondement de l'unité catholique dans celle qu'il a établie à Rome : faites-nous la grace de refpecter la fainteté de l'une & de l'autre de telle maniére, que la pureté de nos mœurs & la catholicité de notre foi puiffent toujours faire notre gloire; Par notre Seigneur.

DEus, qui in cathedra quam beatus Petrus inftituit Antiochiæ, nomine Chriftiano tuos decorafti fideles ; & in altera quam Romæ collocavit, unitatis catholicæ pofuifti firmitatem : da nos fanctitatem utriufque ita venerari, ut dotibus chriftianis & catholicâ communione femper gloriemur ; Per Dominum.

Si l'on fait Mémoire du II. Dim. après l'Epiphan. Oraif. Omnipotens. comme à Laud. p. 130.

Lectio Actuum Apostolorum.

Lecture des Actes des Apôtres.

Chap. 10.

IN diebus illis ; Factum est cùm introisset Petrus Cæsaream, obvius venit ei Cornelius , & procidens ad pedes ejus adoravit. Petrus verò elevavit eum, dicens : Surge, & ego ipse homo sum. Et loquens cum illo intravit, & invenit multos qui convenerant, dixit que ad illos : Vos scitis quomodò abominatū sit viro Judæo conjungi aut accedere ad alienigenam ; sed mihi ostendit Deus neminem communem aut immundum, dicere hominem. Propter quod sine dubitatione veni accersitus. Interrogo ergo , quam ob causam accersistis me ? Et Cornelius ait : A nudiusquarta die usque ad hanc horam, orans eram horâ nonâ in domo mea ; & ecce vir stetit an-

EN ces jours-là ; Comme Pierre entroit à Césarée, Corneille alloit au devant de lui ; & se jettant à ses pieds, il l'adora. Mais Pierre le releva , en disant : Levez-vous ; je ne suis qu'un homme aussi bien que vous. Et s'entretenant avec lui , il entra dans la maison , où il trouva grand nombre de personnes assemblées , & il leur dit : Vous sçavez combien un Juif a horreur de faire société avec un étranger , ou d'aller chez lui ; mais Dieu m'a appris à ne traiter aucun homme de profane ou d'impur. C'est pourquoi , dès que vous m'avez mandé , je suis venu sans hésiter. Dites-moi donc pour quel sujet vous m'avez fait venir. Alors Corneille lui dit : Il y a maintenant quatre jours qu'étant en priéres dans ma maison , à la neuviéme heure, je vis un homme vêtu d'une robe blanche, qui se présenta devant moi, & me dit : Corneille , votre priére a été exaucée, & Dieu s'est souvenu de vos aumônes. Envoyez donc à Joppé, & faites venir Simon surnommé Pierre ; il est logé chez Simon corroyeur, près de la mer. J'ai envoyé vers vous aussi-tôt, & vous m'avez fait la grace de venir. Nous voilà tous maintenant devant vous, pour entendre tout ce que le Seigneur vous a ordonné de nous dire. Alors Pierre prenant la parole, dit : En vérité, je vois bien que Dieu ne fait point acception des personnes ; mais qu'en quelque nation que ce soit, celui qui le craint, & qui fait de bonnes œuvres, lui est agréable.

te me in veste candida, & ait : Corneli, exaudita est oratio tua, & eleemosynæ tuæ commemoratæ sunt in conspectu Dei. Mitte ergo in Joppen, & accersi Simonem, qui cognominatur Petrus : hic hospitatur in domo Simonis coriarii juxta mare. Confestim ergo misi ad te ; & tu bene fecisti veniendo. Nunc ergo omnes nos in conspectu tuo adsumus, audire omnia quæcumque tibi præcepta sunt à Domino. Aperiens autem Petrus os suum, dixit :

In veritate comperi, quia non est personarum acceptor Deus ; sed in omni gente, qui timet eum, & operatur justitiam, acceptus est illi.

G R A D U E L. *1. Rois*, 2.

Le Seigneur tire l'indigent de la poussiére, & le pauvre de son fumier ; ℣. Pour le faire asseoir entre les princes, & le placer sur un thrône de gloire.

Dominus suscitat de pulvere egenum, & de stercore elevat pauperem ; ℣. Ut sedeat cum principibus, & solium gloriæ teneat.

Alleluia, alleluia.

℣. Tu es Petrus, & super hanc petram ædificabo Ecclesiam meam ; & portæ inferi non prævalebunt adversùs eam. Alleluia. *Matth.* 16.

℣. Vous êtes Pierre, & sur cette pierre je bâtirai mon Eglise ; & les portes de l'enfer ne prévaudront point contre elle. Allel.

PROSE.

IN quam fremit inaniter
Vis inferorum impia ;
Stat Petro nixa firmiter,
Dei domus, Ecclesia.

L'Eglise qui est la maison de Dieu, contre laquelle la fureur impie des enfers se déchaîne inutilement, est fondée sur saint Pierre.

DUM singulis pars operis
In solidum committitur ;
Jusso plùs amet ceteris
Grex universus creditur.

Tandis que Jesus-Christ donne à chacun des Apôtres une portion de son Eglise à conduire, il ordonne à Pierre de l'aimer plus que tous les autres, & lui confie tout le troupeau.

NON loco, non hæc tempore
Potestas circumscribitur :
Vasto, quà patet, æquore
Piscari Petrus mittitur.

La puissance de Pierre n'est bornée ni par les lieux, ni par les temps : il est envoyé pour pêcher sur la vaste mer de l'univers entier.

UT Jesum ardens sequitur,

Avec quelle ardeur suit-il Jesus-Christ ! avec quel

courage entre-t-il dans la carriére ! on le voit partout le premier ; il se multiplie , & remplit les devoirs de tous les Apôtres.

Il fut un temps , où son Maître prudent réprima l'ardeur de son zéle : mais ce disciple fit éclater alors, même dans sa témérité, la vivacité de son amour.

Cependant hélas ! si Jesus-Christ ne jette sur lùi un regard de compassion, cette ferme colomne s'ébranle , elle tombe : mais rassurons-nous , sa foi demeure inébranlable ; le coq chante , Pierre se reléve.

Afin qu'après sa conversion il affermisse ses freres avec plus de courage , Jesus-Christ arraché d'entre les bras de la mort se montre à lui le premier.

Tandis que son divin Maître lui demande s'il l'aime , il pleure ; ses larmes partent de son amour : il se charge volontiers du fardeau qui lui est imposé,

Ut promptus intrat stadium !

Ubique primus cernitur ,

Personam gerit omnium.

Est , cùm ardorem nimium

Magister prudens reprimit :

Discipuli se studium ,

Vel imprudentis , exprimit.

Heu ! si non Christus respicit ,

Columna nutat , labitur :

Euge , fides non deficit ;

Gallus canit , erigitur.

Ut confirmandis fratribus

Conversus instet fortior ,

Ereptum mortis manibus

Magistrum aspicit prior.

Flet , dum amor exposcitur ;

Amoris sunt hæ lacrymæ :

Onus subit , quod traditur ;

Trahi vult instar victimæ.	il veut être conduit au supplice comme une victime.
Non jam pavore percitus Aut cadit, aut occulitur : Ut vim concepit Spiritûs, Vel coram cruce loquitur.	La crainte ne fait plus d'impression sur lui, il ne chancelle point, il ne se cache plus : plein de l'Esprit divin, il prêche même au pied de sa croix.
Quot intrant pisces retia ! Fiunt Petri victoriæ, Et Judæorum millia, Et gentium primitiæ.	Quelle pêche abondante ne fait pas notre saint Apôtre ! Des milliers de Juifs, & les prémices des Gentils deviennent les victoires de Pierre.
Quam Christiani gloria Decorat primam nominis, Urbs, tuæ Petrum nuntia Auctorem celsitudinis.	Antioche, qui fus la première décorée de la gloire du nom chrétien, reconnois dans Pierre la source de ta grandeur.
Tuos ne, Roma celsior, Imperatores nomini : Fide quàm armis fortior, Per hunc es orbis domina.	Rome plus fameuse encore, ne vante plus tes Empereurs : tu dois ta force plus à ta foi qu'à tes armes : c'est Pierre qui te rend la maîtresse de l'univers.
Petri ne, Deus, libeat	Ne permettez pas, Dieu puissant, que nous

nous écartions de la foi de Pierre : unis par la foi, ne nous séparons jamais les uns des autres par des sentimens de haine.

Nos à fide defcifcere :
Fide junctos nos pudeat
Irarum bella gerere.

Accordez à nos Chefs la grace de paître leur troupeau selon votre Esprit ; & faites que vos brebis bien-aimées reconnoissent votre voix dans celle de leurs Pasteurs, & l'écoutent avec docilité. Amen.

Et gregem senioribus
Secundùm te da pascere ;
Et tam dilectis ovibus,
Quò vocas, sponte currere.
Amen.

[*A la Septuagésime, au lieu de l'Alleluia, du* ℣. Tu es. *& de la Prose, on dit le Trait suivant.*

TRAIT. *Ps.* 77.

Le Seigneur a choisi la montagne de Sion qu'il a aimée; il y a bâti son sanctuaire sur la terre qu'il a fondée pour durer toujours. Il a choisi David son serviteur : il l'a pris pour être le pasteur d'Israël son heritage. Il les a gouvernés avec un cœur droit & simple ; & il les a conduits avec une main sage & intelligente.]

Elegit Dominus montem Sion, quem dilexit ; & ædificavit fanctificium fuum in terra, quam fundavit in fecula. Et elegit fervum fuum, pafcere Ifrael hæreditatem fuam. Et pavit eos in innocentia cordis fui, & in intellectibus manuum fuarum deduxit eos.]

Sequentia sancti Evangilii secundùm Matthæum.

Suite du saint Evangile selon S. Matthieu.

Chap. 16.

IN illo tempore ; Venit Jesus in partes Cæsareæ Philippi ; & interrogabat discipulos suos, dicens : Quem dicunt homines esse Filium hominis ? At illi dixerunt : Alii Joannem Baptistam, alii autem Eliam, alii verò Jeremiam, aut unum ex Prophetis. Dicit illis Jesus : Vos autem quem me esse dicitis ? Respondens Simon Petrus, dixit : Tu es Christus, Filius Dei vivi. Respondens autem Jesus, dixit ei : Beatus es, Simon Barjona; quia caro & sanguis non revelavit tibi, sed Pater meus qui in cœlis est. Et ego dico tibi, quia tu es Petrus, & super hanc petram ædificabo Ecclesiam meam, & portæ in-

EN ce temps-là ; Jesus étant allé du côté de Césarée de Philippe, interrogea ses disciples, & leur dit. Qui dit-on qu'est le Fils de l'homme ? Ils répondirent : Les uns disent que c'est Jean-Baptiste ; d'autres, Elie ; d'autres, Jerémie, ou quelqu'un des Prophétes. Jesus leur dit : Et vous, qui dites-vous que je suis ? Simon-Pierre prenant la parole, dit : Vous êtes le Christ, le Fils du Dieu vivant. Jésus lui répondit : Vous êtes heureux, Simon fils de Jean ; car ce n'est point la chair & le sang qui vous l'a révelé, mais mon Pere qui est dans le ciel. Et moi je vous dis que vous êtes Pierre, & que sur cette pierre je bâtirai mon Eglise, & que les portes de l'enfer ne prévaudront point contre elle. Je vous donnerai aussi les clefs du royaume du ciel. Et tout ce que vous lierez sur la terre, sera lié dans le ciel;

& tout ce que vous délie-
rez sur la terre, sera délié
dans le ciel.

feri non prævale-
bunt adversùs eam.
Et tibi dabo claves
regni cœlorum. Et
quodcumque ligaveris super terram, erit
ligatum & in cœlis ; & quodcumque solveris super terram, erit solutum & in
cœlis.

OFFERTOIRE. *Matth.* 16.

Je vous donnerai les
clefs du royaume des
cieux : & tout ce que vous
lierez sur la terre, sera
lié dans le ciel ; & tout ce
que vous délierez sur la
terre, sera délié dans le
ciel.

Tibi dabo claves
regni cœlorum : &
quodcumque ligaveris super terram, erit
ligatum & in cœlis ;
& quodcumque solveris super terram ;
erit solutum & in
cœlis.

SECRETE.

O Dieu, qui avez vou-
lu que votre Eglise
fût bâtie sur saint Pierre
comme sur une pierre
ferme : nous vous sup-
plions de recevoir les
priéres & les oblations de
cette Eglise ; afin qu'elle
arrive à l'heritage éternel,
par l'intercession de celui
dans la doctrine duquel
elle puise l'intégrité de la
foi; Par N.S.Jesus-Christ.

D Eus, qui Ecle-
siam tuam in
beato Petro tan-
quam super petram
solidam ædificari vo-
luisti : ejusdem Ec-
clesiæ, quæsumus ,
suscipe preces & ho-
stias ; ut ipso inter-
cedente , ad æter-
nam perveniat hære-
ditatem , quo do-
cente , fidei tenet
integritatem ; Per.

Pour la Mémoire du II. Dim. après l'Epiph.

Q Ue votre Fils unique,
Seigneur, qui a chan-
gé l'eau en vin aux noces

C Oncede , quæ-
sumus, Domine,
ut Unigenitus tuus,

qui in Cana Galilææ aquam in vinum mirabiliter transmutavit, oblationes nostras in corpus & sanguinem suum convertat, & hujus virtute Sacramenti, corda nostra in se transformet ; Qui tecum vivit & regnat , &c.

de Cana , change nos oblations en son corps & en son sang ; & que par l'efficace de ce Sacrement adorable , il transforme en lui nos cœurs & nos volontés ; Lui qui étant Dieu vit & regne avec vous en l'unité du Saint-Esprit , dans tous les siécles des siécles.

PRÉFACE.

VErè dignum & justum est, æquum & salutare, te, Domine , suppliciter exorare , ut gregem tuum , Pastor æterne , non deseras , sed per beatos Apostolos tuos continuâ protectione custodias ; ut iisdem rectoribus gubernetur , quos operis tui vicarios eidem contulisti præesse pastores. Et ideò cum Angelis & Archangelis , cum Thronis & Dominationibus, cumque omni militia cœlestis exercitûs hymnum gloriæ tuæ canimus , sine

IL est véritablement juste & raisonnable , il est équitable & salutaire de vous supplier très humblement , Seigneur , qui êtes notre Pasteur éternel, de ne point abandonner votre troupeau , mais de le conserver toujours à l'ombre de votre protection , par l'intercession de vos saints Apôtres ; afin qu'il ne cesse d'être gouverné par les mêmes conducteurs que vous avez établis sur lui en qualité de Pasteurs , pour achever , comme vos vicaires , l'ouvrage que vous avez commencé. C'est pourquoi nous nous unissons aux Anges & aux Archanges, aux Thrônes, aux Domi-

nations, & à toute l'ar- | tine dicentes : San-
mée céleste, pour chanter | ctus, Sanctus, San-
un cantique à votre gloire, | ctus Dominus Deus
en disant sans cesse : | sabaoth , &c.
Saint, Saint, &c.

COMMUNION. *Jean*, 21.

Simon fils de Jean, m'ai- | Simon Joannis ,
mez-vous plus que ceux- | diligis me plùs his ?
ci ? Seigneur, vous con- | Domine , tu omnia
noissez toutes choses ; | nosti , tu scis quia
vous sçavez que je vous | amo te. Pasce oves
aime. Paissez mes brebis. | meas.

POSTCOMMUNION.

O Dieu , qui en établis- | DEus, qui Eccle-
sant votre Eglise sur | siam tuam apo-
les Apôtres , comme sur | stolicâ soliditate
un fondement solide , la | fundatam ab inferna-
délivrez de la crainte des | rum eruis terrore
portes de l'enfer : faites | portarum : præsta,
qu'en demeurant toujours | ut in tua veritate
ferme dans votre vérité , | persistens , fideli tibi
elle s'attache immuable- | caritate immobiliter
ment à vous par la charité: | adhæreat ; Per Do-
Par notre Seigneur J. C. | minum.

Pour la Mém. du II. Dim. après l'Epiphan.

FAites croître en nous , | AUgeatur in no-
Seigneur , les effets de | bis, quæsumus,
votre puissance ; afin qu'en | Domine , tuæ virtu-
croyant de tout notre | tis operatio ; ut in
cœur en votre Fils que | eum quem misisti
vous avez envoyé , nous | Filium tuum toto
soyons préparés , par la | corde credentes, ad
participation de ce Sacre- | ejus promissa ca-
ment , à recevoir les biens | pienda , tuo mune-
ineffables qu'il nous pro- | re præparemur; Per
met ; Lui qui étant Dieu | eumdem.
vit & regne avec vous, &c.

A SEXTE.

Ant. Dicit. *p.* 125.

CAPITULE. *Iſaïe,* 55.

ECce teſtem populis dedi eum, ducem ac præceptorem gentibus.

JE m'en vais le donner pour témoin aux peuples, pour maitre & pour chef aux gentils.

℞. *br.* Accepit eum * paſcere Jacob ſervum ſuum. * Alleluia, alleluia. Accepit eum. ℣. Et Iſrael * hæreditatem ſuam. * Alleluia. Gloria Patri. Accepit. *Pſ.* 77.

℞. *br.* Le Seigneur l'a choiſi pour être le paſteur de Jacob ſon ſerviteur. * Alleluia, alleluia. Le Seigneur. ℣. Pour conduire Iſraël, qui eſt ſon heritage. * Alleluia. Gloire au Pere. Le Seigneur l'a choiſi.

℣. Qui regis Iſrael, intende : ℞. Qui deducis velut ovem Joſeph. *Pſ.* 79.

℣. Souverain Paſteur d'Iſraël, écoutez-nous : ℞. Vous qui conduiſez Joſeph comme votre cher troupeau, éxaucez nos priéres.

L'Oraiſon de Laudes.

A NONE.

Ant. Dicit ei tertiò. *pag.* 127.

CAPITULE. 3. *Rois,* 14.

EXaltavi te de medio populi, & dedi te ducem ſuper populum meũ Iſrael.

JE vous ai élevé du milieu du peuple, & je vous ai établi chef de mon peuple d'Iſraël.

℞. *br.*

℟. *br.* Il a gouverné le troupeau du Seigneur avec droiture de cœur. * Alleluia, alleluia. Il a gouverné. ℣. Il l'a conduit avec sagesse & intelligence. * Alleluia. Gloire au Pere. Il a gouverné.

℣. Nous qui sommes votre peuple, & les brebis de vos pâturages, ℟. Nous vous rendrons d'éternelles actions de graces.

℟. *br.* Pavit eos * in innocentia cordis sui. * Alleluia, alleluia. Pavit. ℣. Et in intellectibus manuum suarum * deduxit eos. * Alleluia. Gloria Patri. Pavit. *Ps.* 77.

℣. Nos populus tuus, & oves pascuæ tuæ, ℟. Confitebimur tibi in seculum. *Ps.* 78.

L'Oraison à Laudes.

AUX II. VESPRES.

1. *Ant.* PEndant que Pierre parloit encore dans la maison de Corneille, le Saint-Esprit descendit sur tous ceux qui écoutoient la parole de Dieu.

2. *Ant.* Les fideles circoncis furent très-étonnés de ce que la grace du Saint-Esprit se répandoit aussi sur les Gentils.

3. *Ant.* Lorsque Pierre fut arrivé à Jerusalem, les fideles circoncis disputoient contre lui, [& lui disoient : Pourquoi avez-

1. *Ant.* LOquente Petro in domo Cornelii, cecidit Spiritus sanctus super omnes qui audiebant verbum. *Act.* 10.

2. *Ant.* Obstupuerunt ex circumcisione fideles, quia & in nationes gratia Spiritûs sancti effusa est. *Act.* 10.

3. *Ant.* Cùm ascendisset Petrus Jerosolymam, disceptabant adversùs illum. Incipiens au-

G

tem Petrus , expo-
nebat illis ordinem.
Act. 11.

4. *Ant.* Si eam-
dem gratiam dedit
illis Deus , ficut &
nobis qui credidi-
mus in Dominum
Jefum Chriftum ;
ego quis eram , qui
poffem prohibere
Deum ? *Act.* 11.

5. *Ant.* Tacue-
runt , & glorificave-
runt Deum , dicen-
tes : Ergo & Gen-
tibus pœnitentiam
dedit Deus ad vitam.
Act. 11.

vous mangé avec des in-
circoncis ?] Pierre alors
leur expliqua toute la fuite
de ce qui s'étoit paffé.

4. *Ant.* Puifque Dieu leur
a fait la même grace qu'à
nous , qui avons cru au
Seigneur Jefus Chrift ;
qui étois-je moi , pour
m'oppofer à Dieu ?

5. *Ant.* Ils n'eurent rien
à répliquer ; & rendant
gloire à Dieu , ils dirent :
Dieu a donc accordé la
pénitence aux Gentils ,
pour leur donner la vie.

CAPITULE. *Act.* 15.

DEus in nobis
elegit per os
meum audire Gen-
tes verbum Evange-
lii , & credere : &
qui novit corda
Deus , teftimonium
perhibuit , dans illis
Spiritum fanctum ,
ficut & nobis.

DIeu m'a choifi , afin
que les Gentils en-
tendiffent par ma bouche
la parole de l'Evangile ,
& qu'ils cruffent : & Dieu
qui connoît les cœurs ,
leur a rendu témoignage ,
en leur donnant le Saint-
Efprit comme à nous.

L'Hymne, Prome. *pag.* 102.

℣. Exaltent eum
in ecclefia plebis ;
℟. Et in cathedra
feniorum laudent
eum. *Pf.* 106.

℣. Que Dieu foit loué
dans les affemblées du
peuple ; ℟. Et que fon
nom foit glorifié dans la
compagnie des vieillards.

A Magnificat. Antienne.

Simon vous a expofé de quelle forte Dieu a commencé de regarder favorablement les Gentils, en choififfant parmi eux un peuple confacré à fon nom : c'eft à quoi les paroles des Prophetes s'accordent. Dieu connoît fon œuvre de toute éternité.	Simon narravit quemadmodùm primùm Deus vifitavit fumere ex Gentibus populum nomini fuo ; & huic concordant verba Prophetarum. Notum à feculo eft Domino opus fuum. *Act.* 15.

Oraifon, Deus, qui in cathedra. *à Laudes.*

Mémoire du II. Dim après l'Epiphanie.

Ant. Ce fut là le premier des miracles de Jefus, qui fut fait à Cana en Galilée ; & par-là il fit connoître fa gloire : & fes Difciples crurent en lui.	*Ant.* Fecit initium fignorum Jefus in Cana Galilææ, & manifeftavit gloriam fuam ; & crediderunt in eum Difcipuli ejus. *Jean,* 2.
℣. C'eft vous qui êtes mon Roi & mon Dieu ; ℟. Vous qui avez tant de fois fauvé Jacob par votre feul commandement.	℣. Tu es Rex meus, & Deus meus, ℟. Qui mandas falutes Jacob. *Pf.* 43.

L'Oraifon à Laudes.

A COMPLIES, Pfeaumes du Dimanche ; & le refte comme ci-devant, pag. 104.

Les jours dans l'Octave.
Semidouble.

L'Office comme au jour de la Fête, avec les Pseaumes de la Férie, observant ce qui suit.

AU NOCTURNE, les trois Antiennes & le ℣. suivant la Férie ; c'est-à-dire, le Lundi & le Jeudi, du I. Nocturne ; le Mardi & le Vendredi, du II. Nocturne ; le Mercredi & le Samedi, du III. Nocturne.

La j. Leçon se dit de l'Ecriture occurrente, les trois jointes en une. La ij. & la iij. ci-après pour chaque jour.

℞.℞.℞. d'un des Nocturnes de la Fête, selon la Férie.

Te Deum. ℣. Sacerdotal, comme le Jour.

A LAUDES, Pseaumes de la Férie, avec le Cantique de la Fête (si l'on fait de l'Octave,) sous l'Antienne, Dicit ei iterum. quatriéme des Laudes de la Fête. Le reste, comme le Jour.

A VESPRES, sur les Pseaumes de la Férie, Ant. Loquente Petro. premiére des II. Vépres de la Fête ; le reste, comme le Jour.

A COMPLIES, Ant. de la Fête, pag. 104. si l'Office est de l'Octave.

PREMIER JOUR dans l'Octave,
(Lorsqu'on en fait l'Office.)

ij. LEÇON.
Sermo sancti Augustini Episcopi.
Serm. 15. 1. dans le recueil, 74.

INstitutio solemnitatis hodiernæ à senioribus nostris Cathedræ nomen accepit, ideò quòd primus Apostolorum Petrus hodie Episcopa-

tûs Cathedram fufcepiffe referatur. Rectè ergo
Ecclefiæ natalem fedis illius colunt, quam Apo-
ftolus pro Ecclefiarum falute fufcepit, dicente
Domino : Tu es Petrus, & fuper hanc petram
ædificabo Ecclefiam meam. Petrum itaque fundamentum Ecclefiæ Dominus nominavit, &
ideò dignè fundamentum hoc Ecclefia colit,
fupra quod Ecclefiaftici ædificii altitudo confur-
git. Unde convenienter Pfalmus dicit : Exaltent
eum in Ecclefia plebis, & in Cathedra feniorum
laudent eum. * Benedictus Deus qui beatum Petrum Apoftolum in Ecclefia exaltari præcepit ;
quia dignum eft ut fundamentum hoc in Ecclefia
honoretur, per quod ad cœlum confcenditur.
Quòd natalis ergo Cathedræ hodie colitur,
facerdotale honoratur officium. Sibi hoc Ecclefiæ
invicem præftant ; quia tantò neceffe plus habet
Ecclefia dignitatis, quantò facerdotale officium
plus honoris. Tu autem.

iij. Leçon, *du Saint occurrent. S'il ne s'en
rencontre point, on partage la Leçon précédente à
l'Aftérifque *, où commencera la troifiéme ; ainfi
des jours fuivans.*

SECOND JOUR,

(*Non empêché.*)

ij. LEÇON.

Sermo fancti Auguftini Epifcopi.
Serm. 16. 2.

NOftis, Fratres cariffimi, beatiffimum Petrum in Salvatoris paffione fuis erroribus profeciffe ; & pofteaquàm negavit Dominum, fuiffe apud Dominum meliorem. Fide-
lior enim factus eft, pofteaquàm fidem fe pe-
diffe deflevit ; atque ideò majorem gratiam

reperit quàm amisit. Tanquam enim bonus Pastor tuendum gregem accepit; ut qui sibi anteà infirmus fuerat , fieret omnibus firmamentum ; & quia ipse interrogationis tentatione negaverat , cæteros fidei stabilitate fundaret. * Denique pro soliditate devotionis, Ecclesiarum petra dicitur, sicut ait Dominus : Tu es Petrus , & super hanc petram ædificabo Ecclesiam meam. Petra enim dicitur , eò quòd primus nationibus fidei fundamenta posuerit , & tanquam saxum immobile totius operis christiani compagem molemque contineat. Petra ergo pro devotione Petrus dicitur , & petra pro virtute Dominus nuncupatur. Rectè consortium meretur nominis , qui consortium meretur & operis. In eadem domo enim Petrus fundamentum ponit, Petrus plantat , Dominus incrementat , Dominus irriguum subministrat. Petrus ergo tentationibus suis proficit, fletibus suis gaudet , periculis suis crescit. Hinc namque in mare , dum super undas temerarius viator ingreditur , nutat incessu , sed convalescit affectu. Tu autem.

III. JOUR.

ij. LEÇON.

Ex Epistola sancti Gregorii Papæ ad Eulogium Episcopum Alexandrinum.
Livre 6. Epître 37.

QUis nesciat sanctam Ecclesiam in Apostolorum principis soliditate firmatam, qui firmitatem mentis traxit in nomine, ut Petrus à petra vocatetur ; cui Veritatis voce dicitur, Tibi dabo claves regni cœlorum ; cui rursus dicitur : Et tu aliquando conversus confirma fratres tuos ; iterumque , Simon Joannis, amas me ? Pasce oves meas. * Itaque cùm multi sint Apostoli ,

pro ipſo tamen principatu ſola Apoſtolorum
principis ſedes in auctoritate convaluit, quæ in
tribus locis unius eſt. Ipſe enim ſublimavit ſedem in qua etiam quieſcere, & præſentem vitam
finire dignatus eſt. Ipſe decoravit ſedem in qua
Evangeliſtam diſcipulum miſit. Ipſe firmavit ſedem, in qua ſeptem annis quamvis diſceſſurus
ſedit. Tu autem.

IV. JOUR.

ij. Leçon.

Sermo ſancti Leonis Papæ.
Serm. 3. ſur l'anniv. de ſon éxaltation.

OMnes Apoſtolos Dominus, quid de ſe homines opinentur, interrogat : & tamdiu ſer-
mo reſpondentium communis eſt , quamdiu
humanæ intelligentiæ ambiguitas præſtiterit. At
ubi quid habeat ſenſus diſcipulorum exigitur ,
primus eſt in Domini confeſſione , qui primus
erat in Apoſtolica dignitate. Qui cùm dixiſſet ,
Tu es Chriſtus Filius Dei vivi; reſpondit ei Jeſus,
Beatus es , Simon Barjona , quia caro & ſanguis
non revelavit tibi , ſed Pater meus qui in cœlis
eſt ; id eſt , Ideò beatus es , quia Pater meus te
docuit : nec terrena opinio te fefellit , ſed inſ-
piratio cœleſtis inſtruxit ; & non caro & ſanguis , ſed ille me tibi , cujus ſum unigenitus
Filius , indicavit. * Et ego , inquit , dico tibi ;
hoc eſt , ſicut meus Pater tibi manifeſtavit divi-
nitatem meam , ita & ego tibi notam facio ex-
cellentiam tuam , quia tu es Petrus; id eſt ,
cùm ego ſim inviolabilis petra , ego lapis angu-
laris qui facio utraque unum , ego fundamentum præter quod nemo poteſt aliud ponere ;
tamen tu quoque petra es , quia meâ virtute
ſolidaris, ut quæ mihi poteſtate ſunt propria ,

sint tibi mecum participatione communia. Et super hanc petram ædificabo Ecclesiam meam , & portæ inferi non prævalebunt adversùs eam. Super hanc , inquit , fortitudinem æternum extruam templum : & Ecclesiæ meæ cœlo inferenda sublimitas in hujus fidei firmitate consurget. Hanc confessionem portæ inferi non tenebunt , mortis vincula non ligabunt : vox enim ista , vox vitæ est. Et sicut confessores suos in cœlestia provehit , ita negatores ad inferna demergit. Tu autem.

V. JOUR.

ij. Leçon.

Ex Epistola sancti Cypriani.
Sur l'unité de l'Eglise Catholique.

DOminus super unum Petrum ædificat Ecclesiam suam ; & quamvìs Apostolis omnibus post resurrectionem suam parem potestatem tribuat , & dicat : Sicut misit me Pater , & ego mitto vos ; tamen ut unitatem manifestaret , unam Cathedram constituit , & unitatis ejusdem originem ab uno incipientem suâ auctoritate disposuit. * Hoc erant utique cæteri Apostoli , quod fuit Petrus , pari consortio præditi honoris & potestatis ; sed exordium ab unitate proficiscitur. Primatus Petro datur , ut una Christi Ecclesia & Cathedra una monstretur. Pastores sunt omnes ; sed grex unus ostenditur , qui ab Apostolis omnibus unanimi consensione pascatur. Tu autem.

L'OCTAVE DE LA CHAIRE S. PIERRE.

Double-majeur.

Pseaumes du Dimanche à tout l'Office ; le reste comme le jour de la Fête, excepté les Leçons & ce qui suit.

AUX I. VESP. comme aux I. Vêpres de la Fête, avec la Mémoire suivante du Samedi avant le III. Dim. après l'Epiphanie.

Ant. Scientes quòd non justificatur homo ex operibus legis, nisi per fidem Jesu Christi, & nos in Christo Jesu credimus. *Gal.* 2.

℣. Viderunt omnes termini terræ ℞. Salutare Dei nostri. *Ps.* 97.

L'Oraison ci-après, à Laudes.

AU I. NOCT. Leçons de l'Ecriture occurrente.

AU II. NOCTURNE.

Leçon IV.

Sermo sancti Petri Chrysologi.
Serm. 107.

Licèt fandi sterilitas silentium mihi indicere videatur, loqui tamen cogit sanctitas imperantis. Quis tanti viri adhortationem recuset, cui è cœlo contigit, & Apostolici vocabulum, & summi privilegium Sacerdotis ? Neque enim absque divino judicio fuisse credendum est quòd prima illa vivendi rudis infantia tanti nominis adepta est dignitatem. Quem tunc affuisse, nisi Deum ipsum, putamus, cùm nescii parentes de futuris meritis judicarent ? Petrum enim vocari, in aliis apellatio nominis est, in hoc prærogativa virtutis. Tu autem.

G. v

Leçon V.

VErè beatus Petrus, immobile fundamentum
salutis, talem se exhibet in sacerdotio, quales videri volunt, qui sacerdotium concupiscunt.
Pallent ora jejuniis, macies corpus attenuat,
lacrymæ peccata baptizant. Jucundæ lacrymæ,
quæ gaudium immortalitatis emerunt. Ipse est
custos fidei, petra Ecclesiæ, janitorque cœlorum. Ipse est apostolicus piscator electus, qui
ad se turbas, errorum fluctibus mersas, hamo
sanctitatis invitat, & doctrinæ suæ reti concludit hominum multitudinem copiosam. Tu
autem.

Leçon VI.

JUre venerabilis Dei Sacerdos, olim Apostoli nactus vocabulum, nunc adeptus & meritum, serit in populos præcepta justitiæ, &
manifestâ luce reserat sacrorum voluminum mysticas quæstiones. Unde, fratres, quoniam beatissimus Petrus omnia quæ sunt divinæ virtutis, prædicationis vos suæ doctrinâ instruit,
pariter & exemplis edocet, deprecemur Dominum Deum nostrum, ut doctrinæ cœlestis
vos sermone lætificet. Tu autem.

AU III. NOCTURNE.

Leçon VII.

Lectio sancti Evangelii secundùm Matthæum.
Chap. 16.

IN illo tempore; Venit Jesus in partes Cæsareæ Philippi; & interrogabat discipulos
suos, dicens: Quem dicunt homines esse Filium hominis? Et reliqua.

Homilia sancti Leonis Papæ.
Serm 3. *sur l'anniv. de son éxaltation.*

Dicitur beatissimo Petro : Tibi dabo claves regni cœlorum ; & quæcumque ligaveris super terram , erunt ligata & in cœlis ; & quæcumque solveris super terram , erunt soluta & in cœlis. Transivit quidem etiam in alios Apostolos jus potestatis istius , & ad omnes Ecclesiæ principes decreti hujus constitutio commeavit ; sed non frustrà uni commendatur quod omnibus intimatur. Petro enim ideò hoc singulariter creditur , quia cunctis Ecclesiæ rectoribus forma Petri proponitur. Manet ergo Petri privilegium , ubicumque ex ipsius fertur æquitate judicium : nec nimia est vel severitas , vel remissio , ubi nihil erit ligatum , nihil solutum , nisi quod beatus Petrus aut solverit , aut ligaverit. Instante autem passione suâ, Dominus, quæ discipulorum erat turbatura constantiam ; Simoni inquit : Simon, ecce satanas expostulavit vos , ut cerneret sicut triticum ; ego autem rogavi pro te, ut non deficiat fides tua. Commune erat omnibus Apostolis periculum de tentatione formidinis , & divinæ protectionis auxilio pariter indigebant ; quoniam diabolus omnes exagitare , omnes cupiebat elidere : & tamen specialis à Domino Petri cura suscipitur , & pro fide Petri propriè supplicatur , tanquam aliorum status certior sit futurus , si mens principis victa non fuerit. In Petro ergo omnium fortitudo munitur , & divinæ gratiæ ita ordinatur auxilium, ut firmitas quæ per Christum Petro tribuitur , per Petrum Apostolis conferatur. Tu autem.

Leçon VIII.

CUm itaque, dilectissimi, tantum nobis videamus præsidium divinitùs institutum, rationat iliter & justè in ducis nostri meritis & dignitate lætamur, gratias agentes sempiterno Regi Redemptori nostro, Domino Jesu Christo, qui tantam potentiam dedit ei quem totius Ecclesiæ principem fecit. Si quid etiam nostris temporibus rectè per nos agitur, rectèque disponitur, illius operibus, illius gubernaculis est deputandum, cui dictum est : Et tu aliquando conversus, confirma fratres tuos ; & cui post resurrectionem suam Dominus ad trinam æterni amoris professionem mysticâ insinuatione ter dixit : Pasce oves meas. Quod nunc quoque procul dubio facit, & mandatum Domini pius pastor exequitur, confirmans nos cohortationibus suis, & pro nobis orare non cessans, ut nullâ tentatione superemur. Tu autem.

Leçon IX.

Lectio sancti Evangelii secundùm Matthæum.
Chap. 8.

IN illo tempore ; Cùm descendisset Jesus de monte, secutæ sunt eum turbæ multæ ; & ecce leprosus veniens, adorabat eum. Et reliqua.

Homilia sancti Ambrosii Episcopi.
Sur S. Luc, liv. 5.

SEcundùm Matthæum primus hic post benedictiones à Domino sanatus inducitur ; ut quia dixerat Dominus, Non veni solvere legem, sed adimplere, ille qui excludebatur à lege, purgari se Domini potestate præsumens, non ex lege, sed supra legem esse gratiam judicaret, quæ leprosi maculam posset abluere. Ve rùm ut in Domino poteftatis auctoritas , ita in illo fidei conftantia declaratur. Ill: in faciem procidit , quod humilitatis eft & pudoris ; ut unufquifque de fuæ vitæ maculis erubefcat : fed confeffionem verecundia non repreffit. Oftendit vulnus , remedium poftulavit : & ipfa religionis & fidei plena confeffio eft. Si vis , inquit , potes me mundare. In voluntate Domini tribuit poteftatem : de voluntate autem Domini non quafi pietatis incredulus dubitavit , fed quafi colluvionis fuæ confcius non præfumpfit. **Tu autem.**

A LAUDES , mémoire du III. Dim. après l'Epiphanie , comme elle fuit.

Ant. Domine , puer meus jacet in domo paralyticus , & malè torquetur. Et ait illi Jefus : Ego veniam , & curabo eum. *Matth.* 8.

℣. Intende , profperè procede , ℟. Et regna propter veritatem , & manfuetudinem , & juftitiam. *Pf.* 44.

Oraifon.

OMnipotens fempiterne Deus , infirmitatem noftram propitius refpice ; atque ad protegendum nos , dexteram tuæ majeftatis extende ; Per Dominum noftrum Jefum Chriftum.

AUX II. VESP. pour la mém. du Dim.

Ant. Dixit Jefus Centurioni : Vade , & ficut credidifti , fiat tibi ; & fanatus eft puer in illa hora. *Matth.* 8.

℣. Tu es ipfe Rex meus , & Deus meus , ℟. Qui mandas falutes Jacob. *Pf.* 43.
L'Oraifon ci-deffus.

LA FESTE
DES SS. INNOCENS.
Annuel.

AUX I. VESPRES.

Pſ. **Dixit.** *à Vêpres du Dimanche.*

Ant. **T**Ecum principium in die virtutis tuæ in ſplendoribus ſanctorum : ex utero ante luciferum genui te. *Pſ.* 109.

Ant. **T**Oute puiſſance eſt à vous pour l'exercer au jour de votre force , lorſque vous paroîtrez avec tout l'éclat de votre ſainteté : je vous ai engendré de mon ſein avant l'aurore.

Pſ. **Confitebor.** *ibid.*

Ant. Redemptionem miſit Dominus populo ſuo : mandavit in æternum teſtamentum ſuum. *Pſ.* 110.

Ant. Le Seigneur a envoyé à ſon peuple un Sauveur pour le racheter : il a établi ſon alliance pour jamais.

Pſ. **Beatus.** *ibid.*

Ant. Exortum eſt in tenebris lumen rectis corde : miſericors & miſerator & juſtus Dominus. *Pſ.* 111.

Ant. La lumiére s'eſt levée ſur les juſtes au milieu des ténébres : le Seigneur eſt plein de miſéricorde, de tendreſſe & de juſtice.

PSEAUME 129.

DU fond de l'abyſme , Seigneur , je pouſſe des cris vers vous : Seigneur, écoutez ma voix.

Que vos oreilles ſoient attentives à la voix de ma priére.

Si vous tenez un compte exaƈt des iniquités, ô mon Dieu ; qui pourra, Seigneur , ſubſiſter devant vous ?

Mais vous êtes plein de miſéricorde; & j'eſpére en vous, Seigneur, à cauſe de votre loi.

Mon ame attend l'effet de vos promeſſes : mon ame a mis toute ſa confiance dans le Seigneur.

Que depuis le matin juſqu'au ſoir Iſrael eſpére au Seigneur.

Car le Seigneur eſt rempli de bonté ; & la rédemption qu'il nous a préparée, eſt abondante.

C'eſt lui qui rachetera Iſrael de toutes ſes iniquités.

Ant. Le Seigneur eſt rempli de bonté ; & la

DE profundis clamavi ad te, Domine : * Domine , exaudivocem meam.

Fiant aures tuæ intendentes * in vocem deprecationis meæ.

Si iniquitates obſervaveris , Domine ; * Domine, quis ſuſtinebit ?

Quia apud te propitiatio eſt,* & propter legem tuam ſuſtinui te , Domine.

Suſtinuit anima mea in verbo ejus : * ſperavit anima mea in Domino.

A cuſtodia matutina uſque ad noƈtem,* ſperet Iſrael in Domino ;

Quia apud Dominum miſericordia , * & copioſa apud eum redemptio.

Et ipſe redimet Iſrael * ex omnibus iniquitatibus ejus.

Ant. Apud Dominum miſericordia,
* ij

& copiosa apud eum redemptio. *Pf.* 129.

rédemption qu'il nous a préparée, est abondante.

Pf. Memento. *avec sa division, à Vêpres du Samedi.*

'*Ant.* De fructu ventris tui ponam super sedem tuam. *Pf.*131.

Ant. J'établirai sur votre trône un Fils qui naîtra de vous.

CAPITULE. *Apoc.* 7.

HI sunt qui venerunt de tribulatione magna, & laverunt stolas suas, & dealbaverunt eas in sanguine Agni.

CEux-ci ont passé par une grande affliction, ils ont lavé & blanchi leurs robes dans le sang de l'Agneau.

℟. Adimpletum est quod scriptum est per Jeremiam Prophetam, dicentem : * Vox in Rama audita est ; ploratus, & ululatus multus : Rachel plorans filios suos, & noluit consolari, quia non sunt. ℣. Invocabant Dominum ut vocem sanguinis ad se clamantis audiret, memoraretur quoque iniquissimas mortes parvulorum Innocentûm. * Vox in Rama. Gloria Patri, &c. * Vox in Rama. *Matth.* 2. *2 Mach.* 8.

℟. Ce fut alors que s'accomplit cette parole du Prophéte Jérémie : * On a entendu une voix dans Rama, des plaintes & des cris lamentables : c'est Rachel qui pleure ses enfans, & elle ne veut point se consoler, parce qu'ils ne sont plus. ℣. Ils invoquoient le Seigneur, afin qu'il écoutât la voix du sang qui crioit jusqu'à lui, & qu'il se ressouvînt aussi des meurtres injustes des petits Innocens. * On a entendu. Gloire soit au Pere, &c. * On a entendu.

HYMNE.

NOus vous honorons, heureux Enfans, prémices des Martyrs, jeunes & tendres fleurs qui avez été moiſſonnées par une main cruelle dès l'aurore de votre vie, comme des roſes emportées par un tourbillon impétueux lorſqu'elles ne font que d'éclorre.

Vous êtes les premières victimes immolées à Jeſus-Chriſt, & un troupeau de foibles agneaux ſacrifiés à ſa gloire : dans votre aimable ſimplicité, il ſemble que les palmes & les couronnes cueillies au prix de votre ſang, ſoient dans vos mains comme les jouets de votre enfance.

Mais à quoi ſe termine une telle barbarie ? & que revient il à Hérode d'un ſi grand crime? Au milieu de tant de meurtres, Jeſus-Chriſt le ſeul qu'il veut faire périr, eſt le ſeul qui ſe dérobe à ſa fureur.

Parmi les flots de ſang que verſent des milliers d'enfans encore au berceau, le Fils d'une Vierge échape ſeul au fer cruel

SAlvete, flores Martyrum,
In lucis ipſo limine
Quos ſævus enſis meſſuit,
Ceu turbo naſcentes roſas.

Vos prima Chriſti victima,
Grex immolatorum tener,
Aram ſub ipſam ſimplices
Palmâ & coronis luditis.

QUID profecit tantum nefas ?
Quid crimen Herodem juvat ?
Unus tot inter funera
Impunè Chriſtus tollitur.

INTER coævi ſanguinis
Fluenta, ſolus integer,
Ferrum quod orbabat nurus,

Partus fefellit Vir-
ginis.
SIC dira regis im-
pii
Edicta quondam fu-
gerat,
Christi figuram præ-
ferens,
- Moses receptor ci-
vium.
QUI natus es de
Virgine,
Jesu, tibi sit gloria
Cum Patre, cumque
Spiritu,
In sempiterna secula.
Amen.
℣. Captabunt in
animam justi ; ℟. Et
sanguinem innocen-
tem condemnabunt.
Pf. 93.

qui les enléve aux autres
meres.

C'est ainsi que Moyse,
le libérateur de son peu-
ple, & la figure de Jesus-
Christ, évita l'édit san-
guinaire de l'impie Pha-
raon.

Gloire à vous, ô Jesus,
qui êtes né d'une Vierge:
soyez honoré avec le Pere
& le Saint - Esprit, dans
tous les siécles des siécles.
Amen.

℣. Ils conspireront con-
tre la vie du juste: ℟. Et
ils condamneront le sang
innocent.

A Magnificat. *Antienne.*

Ant. Contemplami-
ni, & vocate lamen-
tatrices : assumant su-
per nos lamentum ;
quia mors ingressa
est domos nostras,
disperdere parvulos
deforis. *Jerem.* 9.

Ant. Cherchez avec soin,
& faites venir les femmes
qui pleurent les morts :
qu'elles fondent en larmes
sur nous ; parce que la
mort est entrée dans nos
maisons, pour exterminer
nos enfans dans les rues.

L'Oraison comme à la Messe.

Mémoire de S. Jean l'Evangeliste.

Ant. Quem dilige-
bat Jesus, qui & re-
cubuit in cœna super
pectus ejus, hic est

Ant. C'est le Disciple que
Jesus aimoit, celui-là même qui pendant la Cène
s'étoit reposé sur son sein,

qui rend témoignage de ces choses, & qui les a écrites : & nous sçavons que son témoignage est véritable.

℣. Vos oracles sont immuables, Seigneur : ℟. Ils sont la certitude même.

discipulus ille qui testimonium perhibet de his, & scripsit hæc : & scimus quia verum est testimonium ejus. *Joan.* 21.

℣. Testimonia tua, Domine, ℟. Credibilia facta sunt nimis: *Ps.* 92.

ORAISON.

DAignez, Dieu de bonté, répandre sur votre Eglise les rayons de votre céleste lumiére; afin qu'éclairée par les divines instructions de l'Apôtre & Evangeliste S. Jean, elle arrive au bonheur éternel; Par.

ECclesiam tuam, Domine, benignus illustra; ut beati Joannis Apostoli tui & Evangelistæ illuminata doctrinis, ad dona perveniat sempiterna; Per Christum.

Mémoire de Noël.

Ant. Le Fils de Dieu est venu, & il nous a donné l'intelligence, afin que nous connoissions le vrai Dieu, & que nous soyons en son vrai Fils : c'est lui qui est le vrai Dieu, & la vie éternelle. Alleluia.

℣. C'est lui qui est notre Dieu ; il est notre Dieu de toute éternité: ℟. Il regnera sur nous à jamais.

Ant. Filius Dei venit, & dedit nobis sensum, ut cognoscamus verum Deum, & simus in vero Filio ejus : hic est verus Deus, & vita æterna. Alleluia. 1. *Joan.* 5.

℣. Hic est Deus, Deus noster in æternum : ℟. Ipse reget nos in secula. *Ps.* 47.

L'Oraison comme à la Messe.

A COMPLIES. *Pseaumes de la Férie.*

Ant. Ego lux in mundum veni ; ut omnis qui credit in me , in tenebris non maneat. Alleluia. *Joan.* 12.

Ant. Je suis venu dans le monde, moi qui suis la lumiére ; afin qu'aucun de ceux qui croient en moi, ne demeure dans les ténébres. Alleluia.

Hymne. Mundi salus. *p.* 14.

A Nunc dimittis.

Ant. Erat lux vera quæ illuminat omnem hominem venientem in hunc mundum ; & lux in tenebris lucet. Allel. *Joan.* 1.

Ant. Il étoit la vraie lumiére qui éclaire tout homme qui vient au monde ; & la lumiére luit dans les ténébres. Alleluia.

A L'OFFICE DE LA NUIT.

INVITATOIRE.

Christum complexantem & benedicentem parvulos , * Venite, adoremus. *Marc.* 10.

Prosternons - nous devant Jesus , qui embrasse & bénit les petits enfans. * Venez , adorons-le.

L'Hymne des I. Vépres , les Pss. du Dimanche.

AU I. NOCTURNE.

Ant. Consurget Rex impudens facie, & interficiet populum sanctorum. *Dan.* 8.

Ant. Il viendra un Roi cruel , qui fera mourir un peuple de saints.

Ant. Dirigetur dolus in manu ejus: occidet plurimos , & contra principem principum consurget. *Dan.* 8.

Ant. Plein d'artifices & de déguisement , il en fera mourir plusieurs , & il s'élevera contre le Prince des princes.

Ant. L'homme ne s'affermira point par l'impiété : & la racine des justes sera inébranlable.

℣. Le pécheur grincera des dents contre le juste ; ℟. Mais le Seigneur se rira de ses desseins.

Ant. Non roborabitur homo ex impietate : & radix justorum non commovebitur. *Prov.* 12.

℣. Peccator stridebit super justum dentibus suis ; ℟. Dominus autem irridebit eum. *Pf.* 36.

LEÇON I.

Du Prophéte Jérémie.

VOici ce que dit le Seigneur : Un grand bruit s'est élevé en haut, on y a ouï des cris mêlés de plaintes & des soupirs de Rachel qui pleure ses enfans, & qui ne peut se consoler de leur perte. Voici ce que dit le Seigneur : Que votre bouche étouffe ses plaintes, & que vos yeux cessent de verser des larmes ; parce que vos œuvres auront leur récompense, dit le Seigneur, & que vos enfans retourneront de la terre de vos ennemis. Vos espérances enfin seront accomplies, dit le Seigneur, & vos enfans retourneront en leur pays.

℟. Hérode prit les Ma-

De Jeremia Propheta. *Cap.* 31.

HÆc dicit Dominus : Vox in excelso audita est lamentationis, luctûs & fletûs Rachel plorantis filios suos, & nolentis consolari super eis, quia non sunt. Hæc dicit Dominus : Quiescat vox tua à ploratu, & oculi tui à lacrymis ; quia est merces operi tuo, ait Dominus : & revertentur de terra inimici. Et est spes novissimis tuis, ait Dominus, & revertentur filii ad terminos suos. Tu autem.

℟. Herodes, clàm

vocatis Magis, * Diligenter didicit ab eis tempus stellæ quæ apparuit eis. ℟. Multæ sunt insidiæ dolosi ; bona enim in mala convertens insidiatur ; * Diligenter. Gloria Patri. * Diligenter. *Matth. 2. Eccl. 11.*

ges en particulier, & * Il s'instruisit d'eux avec soin du tems auquel ils avoient vû paroître l'étoile. ℟. Celui qui cherche à tromper, emploie toutes sortes de ruses, & il dresse des embuches en changeant le bien en mal. *Il. Gloire au Pere. * Il s'instruisit.

Leçon II.

AUdiens audivi Ephraïm transmigrantem. Castigasti me, & eruditus sum quasi juvenculus indomitus. Converte me, & convertar ; quia tu Dominus Deus meus. Postquàm enim convertisti me, egi pœnitentiam ; & postquàm ostendisti mihi, percussi femur meum. Confusus sum, & erubui ; quoniam sustinui opprobrium adolescentiæ meæ. Si filius honorabilis mihi Ephraïm, si puer delicatus ; quia ex quo locutus sum de eo, adhuc recordabor ejus.

J'Ai entendu Ephraïm lorsqu'il a été transféré en Babylone. Vous m'avez châtié, disoit-il, & j'ai été instruit par mes maux comme un jeune taureau qui est indompté. Convertissez-moi, & je me convertirai à vous ; parce que vous êtes le Seigneur mon Dieu. Car après que vous m'avez converti, j'ai fait pénitence ; & après que vous m'avez ouvert les yeux, j'ai frappé ma cuisse dans ma douleur. J'ai été confus & j'ai rougi de honte, parce que l'opprobre de ma jeunesse est tombé sur moi. Ephraïm n'est-il pas mon fils que j'ai honoré, & un enfant que j'ai élevé avec tendresse? Ainsi, quoique j'aie parlé contre lui auparavant , je me souviendrai néanmoins encore de lui.

℞. L'ennemi a la douceur sur les lévres, * Mais dans son cœur il songe à vous tendre des piéges : s'il en trouve l'occasion, il sera insatiable de votre sang. ℣. Hérode dit aux Mages : Allez, informez-vous exactement de l'enfant ; & faites-moi sçavoir où il est , afin que j'aille aussi l'adorer. * Mais dans son cœur. Gloire au Pere. * Mais dans son cœur.

℞. In labiis suis indulcat inimicus , & * In corde suo insidiatur ; & si invenerit tempus, non satiabitur sanguine. ℣. Dixit Herodes Magis : Ite & interrogate diligenter de puero, & renuntiate mihi ; ut & ego veniens adorem eum. * In corde. Gloria Patri. * In corde.
Eccl. 12. Matth. 2.

Leçon III.

FAites-vous un lieu où vous demeuriez en sentinelle , abandonnez-vous à l'amertume : redressez votre cœur , & remettez-le dans la voie droite dans laquelle vous avez marché. Retournez, vierge d'Israël , retournez à vos mêmes villes où vous habitiez. Jusqu'à quand serez-vous dans la dissolution & dans les délices , fille vagabonde ? Car le Seigneur a créé sur la terre un nouveau prodige , une femme environnera un homme. Voici

STatue tibi speculam , pone tibi amaritudines : dirige cor tuum in viam rectam in qua ambulasti. Revertere , virgo Israel, revertere ad civitates tuas istas. Usquequò deliciis dissolveris , filia vaga ? Quia creavit Dominus novum super terram : femina circumdabit virum. Hæc dicit Dominus exercituum , Deus Israel : Adhuc dicent verbum istud in terra Juda, & in urbibus ejus, cùm convertero captivitatem eorum : Benedicat tibi Dominus, pulcritudo justitiæ, mons sanctus.

ce que dit le Seigneur des armées, le Dieu d'Israël : Ils diront encore cette parole dans la terre de Juda & dans ses villes, lorsque j'aurai fait revenir leurs captifs : Que le Seigneur vous bénisse, lui qui est la beauté de la justice, & de la montagne sainte.

℟. Reges terræ, & *Principes convenerunt adversùs Dominum, & adversùs Christum ejus. † Qui habitat in cœlis, irridebit eos. ℣. Cùm recessissent Magi, Angelus Domini apparuit Joseph, dicens : Futurum est ut Herodes quærat puerum ad perdendum eum. * Principes. Gloria Patri. † Qui habitat. *Ps.* 2. *Matth.* 2.

℟. Les Rois de la terre, & * Les Princes ont conspiré contre le Seigneur & contre son Christ : † Celui qui habite dans le ciel, se rira d'eux. ℣. Après que les Mages furent partis, un Ange du Seigneur apparut à Joseph, & lui dit : Hérode cherchera l'enfant pour le faire mourir. * Les Princes. Gloire au Pere. † Celui qui habite.

On répete le ℟. tout entier jusqu'au ℣.

AU II. NOCTURNE.

Ant. Herodes videns quoniam illusus esset à Magis, iratus est valde. *Matth.* 2.

Ant. Hérode voyant qu'il avoit été trompé par les Mages, entra dans une grande colére.

Ant. Sonitus terroris semper in auribus impii ; & cùm

Ant. L'oreille de l'impie est toujours frappée de bruits effrayans ; & au milieu

milieu même de la paix, il s'imagine qu'on forme contre lui de mauvais desseins.

Ant. Il a résisté à Dieu, & il s'est roidi contre le Tout-puissant.

℣. Le méchant a travaillé avec peine pour faire éclorre l'injustice : ℟. Il a conçu le mal, & il a enfanté l'iniquité.

pax sit, insidias suspicatur. *Job.* 15.

Ant. Tetendit adversùs Deum manum suam, & contra Omnipotentem roboratus est. *Job.* 15.

℣. Ecce parturiit injustitiam : ℟. Concepit dolorem, & peperit iniquitatem. *Pf.* 7.

LEÇON IV.

Sermon de S. Léon Pape.
Sur l'Epiphanie. 1.

HErode apprenant la naissance du Roi des Juifs, qu'il regarde comme un successeur qui vient le déthrôner, il en est alarmé ; & cherchant à faire mourir l'Auteur du salut, il feint de vouloir l'adorer. Qu'il seroit heureux, si imitant la foi des Mages, il faisoit par religion ce qu'il ne fait que pour couvrir son impiété & sa malice ! Mais les Mages étant retournés dans leur pays, & Jesus-Christ ayant été transporté en Egypte, en conséquence d'un avertissement

Sermo sancti Leonis Papæ.

HErodes audiens Judæorum Principem natum, successorem suspicatus, expavit ; & molitus necem salutis Auctori, falsum spondet obsequium. Quàm felix foret, si Magorum imitaretur fidem, & converteret ad religionem quod disponebat ad fraudem. Reversis Magis in regionem suam, translatoque Jesu in Ægyptum ex admonitione divinâ, exardescit frustrata in me-

H

ditationibus suis Herodis insania. Necari omnes Bethleem parvulos jubet : & quoniam quem metuat, nescit infantem, generalem sævitiam in suspectam sibi tendit ætatem. Sed quos rex impius eximit mundo, Christus inserit cœlo.

℟. Rex, efferatis animis, jussit militibus interficere, nec parcere. * Fiebant ergo natorum exterminia, & parvulorum neces. ℣. Herodes occidit omnes pueros qui erant in Bethleem & in finibus ejus, à bimatu & infrà, secundùm tempus quod exquisierat à Magis. * Fiebant ergo. Gloria Patri. * Fiebant ergo. *2 Mach. 5. Matth. 2.*

qui venoit du ciel, Hérode trompé dans ses desseins, entre en fureur, il ordonne qu'on tue tous les enfans de Bethléem ; & parce qu'il ignore quel est celui qu'il doit redouter, il enveloppe dans un carnage universel tous ceux que l'âge lui rend suspects. Mais Jesus-Christ les reçoit dans le ciel, lorsque ce roi impie les fait mourir sur la terre.

℟. Le Roi entra dans une grande colére, & commanda à ses soldats de tuer tout, & de n'épargner personne. * Ils firent donc un carnage général des enfans, même des plus petits. ℣. Hérode envoya tuer tous les enfans qui étoient dans Bethléem & aux environs, depuis l'âge de deux ans & au-dessous, selon le tems dont il s'étoit fait informer par les Mages. * Ils firent donc. Gloire au Pere. * Ils firent donc.

Leçon V.

Sur l'Epiphanie 2.

Quæ ista, Judæi, tam imperita in vobis scientia est? In-

Mais quelle est donc, ô Juifs, votre science aveugle & infructueuse ?

Interrogés où doit naitre le Christ, vous répondez conformément à ce que vous avez lû : *En Bethléem de Juda.* Vous indiquez le lieu de sa naissance par la lumiére des Ecritures : vous connoissez même qu'il est arrivé, par le témoignage du ciel & de la terre ; & cependant lorsque Hérode plein de fureur le persécute, vous endurcissez, vos cœurs pour ne pas croire en lui. L'ignorance des enfans que ce Roi impie fait égorger, est donc infiniment plus heureuse que votre science à laquelle il a eu recours dans sa frayeur. Car vous n'avez pas voulu reconnoître J. C. pour votre Roi, quoique vous ayez indiqué le lieu de sa naissance ; au lieu que les enfans ont pu mourir pour lui, quoiqu'ils ne pussent encore le confesser de bouche. Ainsi J. C. ne voulant pas qu'aucun tems de sa vie mortelle se passât sans qu'il y opérât quelque merveille, montre déja sans parler, & avant même qu'il ait l'usage de la parole, la souveraine puis-

terrogati ubi Christus nasceretur, veraciter dicitis quod legistis : In Bethleem Judæ. Locum nativitatis de Scripturarum testimonio demonstratis, præsentiam temporis. de cœli & terræ attestatione cognoscitis ; & tamen ubi ad persequendum animus Herodis exarsit, ibi ad non credendum vester sensus obduruit. Felicior ergo ignorantia infantium quos persecutor occidit, quàm vestra scientia quam in sua perturbatione consuluit. Vos noluistis regnum ejus recipere, cujus oppidum potuistis ostendere. Illi potuerunt pro eo mori, quem nondum poterant confiteri. Itaque Christus. ne ullum ei tempus esset absque miraculo, ante usum linguæ, potestatem verbi tacitus exerebat ; & quasi jam diceret, Sinite parvulos venire ad me, talium est enim regnum cœlorum, novâ gloriâ coronabat infantes, & de initiis suis parvulorum primordia consecrabat; ut disceretur neminem hominum divini incapacem esse sacramenti, quando etiam illa ætas gloriæ esset apta martyrii.

sance de la parole éternelle; & comme s'il eût prononcé d'avance ces paroles, *Laissez venir à moi les petits enfans, car le royaume du ciel est pour ceux qui leur ressemblent,* il couronne de gloire ces innocentes victimes, & il consacre le premier âge des enfans par le mérite de son enfance; afin de nous apprendre qu'il n'y a point d'âge parmi les

hommes, qui soit incapable de recevoir le fruit de ses mystéres, puisque des enfans d'un âge aussi tendre se trouvent en état de recevoir la couronne du martyre.

℟. Adimpletum est quod scriptum est per Jeremiam prophetam, dicentem: * Vox in Rama audita est; ploratus & ululatus multus: Rachel plorans filios suos, & noluit consolari quia non sunt. ℣. Invocabant Dominum ut vocem sanguinis ad se clamantis audiret, memoraretur quoque iniquissimas mortes parvulorum innocentûm. * Vox. Gloria.

℟. Ce fut alors que s'accomplit cette parole du Prophète Jérémie: * On a entendu une voix dans Rama, des plaintes & des cris lamentables : c'est Rachel qui pleure ses enfans; & elle ne veut point se consoler, parce qu'ils ne sont plus. ℣. Ils invoquoient le Seigneur, afin qu'il écoutât la voix du sang qui crioit jusqu'à lui, & qu'il se ressouvînt aussi des meurtres injustes des petits innocens. * On a entendu une voix dans Rama, &c. Gloire au Pere.

* On a entendu une voix * Vox. *Matth.* 2.
dans Rama, &c. 2. *Mach.* 8.

Leçon VI.

Sur l'Epiphanie 7.

JEsus - Chrift aime l'enfance, & il a voulu s'y affujettir, foit par rapport au corps, foit par rapport à l'efprit. J. C. aime l'enfance, parce qu'elle enfeigne l'humilité, qu'elle eft le modèle de l'innocence, & le fymbole de la douceur. J. C. aime l'enfance, & il veut qu'elle foit la régle de nos mœurs. Il éxige que les vieillards mêmes y conforment leur conduite; & il fe propofe lui - même pour exemple à ceux qu'il élève au Royaume éternel. Vous êtes auffi vous-mêmes invités, mes très-chers frères, à devenir femblables à des enfans par votre innocence. Le Sauveur qui s'eft fait enfant, & qui dans cet état a été adoré par les Mages, vous donne en fa perfonne un modèle d'humilité. Et pour vous montrer de quelle gloire il doit couronner fes imitateurs, il confacre

AMat Chriftus infantiam, quam primùm & animo fufcepit & corpore. Amat Chriftus infantiam, humilitatis magiftram, innocentiæ regulam, manfuetudinis formam. Amat Chriftus infantiam, ad quam majorum dirigit mores, ad quam fenum reducit ætates; & eos ad fuum inclinat exemplum, quos ad regnum fublimat æternum. Ad hanc vos, dilectiffimi, fimilitudinem parvulorum myfterium hodiernæ feftivitatis invitat, & hanc vobis humilitatis formam adoratus à Magis puer Salvator infinuat; qui ut imitatoribus fuis quid gloriæ pararet, oftenderet, ortûs fui tempore editos martyrio confecra-

H iij

vit ; ut in Bethleem, ubi Christus natus est, geniti, per communionem ætatis consortes fierent passionis.

par le martyre les enfans qui lui sont contemporains ; ensorte que ceux qui sont nés à Bethléem où il a pris naissance, participent à ses souffrances par la conformité d'âge qu'ils ont avec lui.

℞. Hæc dicit Dominus : Quiescat vox tua à ploratu , & oculi tui à lacrymis : * Revertentur filii ad terminos suos. ℣. Agnus reget eos, & absterget Deus omnem lacrymam ab oculis eorum. * Revertentur. Gloria Patri. * Revertentur. *Jer.* 31. *Apoc.* 7.

℞. Voici ce que dit le Seigneur : Que votre bouche étouffe ses plaintes, & que vos yeux cessent de verser des larmes : * Vos enfans retourneront en leur pays. ℣. L'Agneau sera leur conducteur ; & Dieu essuyera toutes les larmes de leurs yeux. * Vos enfans. Gloire au Pere. * Vos enfans.

On répéte le ℞. *jusqu'au* ℣.

AU III. NOCTURNE.

Ant. Sinite parvulos venire ad me : talium est enim regnum cœlorum. *Matth.* 19.

Ant. Laissez venir à moi les petits enfans ; car le royaume du ciel est pour ceux qui leur ressemblent.

Ant. Hi empti sunt ex hominibus, primitiæ Deo & Agno ; sine macula enim sunt ante thronum Dei. *Apoc.* 14.

Ant. Ce sont eux qui ont été achetés d'entre les hommes , pour être les prémices offertes à Dieu & à l'Agneau : aussi sont-ils purs & irrépréhensibles devant le thrône de Dieu.

Ant. Ils n'ont point souillé leurs vêtemens : ils marcheront avec moi, habillés de blanc ; car ils en sont dignes.

℣. Le Seigneur veille sur les jours de ceux qui sont purs & sans tache ; ℟. Et leur héritage sera éternel.

Ant. Non inquinaverunt vestimenta sua : ambulabunt mecum in albis, quia digni sunt. *Apoc. 3.*

℣. Novit Dominus dies immaculatorum ; ℟. Et hæreditas eorum in æternum erit. *Pf. 36.*

LEÇON VII.

Leçon du saint Evangile selon S. Matthieu.

Lectio sancti Evangeli secundùm Matthæum. *Ch. 2.*

EN ce tems-là ; Hérode voyant que les Mages s'étoient moqués de lui, entra dans une extrême colére; & envoyant des gens armés, il fit tuer tous les enfans qui étoient dans Bethléem, & dans tout le pays d'alentour, depuis l'âge de deux ans & au-dessous, selon le tems qu'il avoit appris des Mages, s'en étant enquis très - exactement. Et le reste.

IN illo tempore ; Herodes videns quoniam illusus esset à Magis, iratus est valde ; & mittens, occidit omnes pueros qui erant in Bethleem, & in omnibus finibus ejus, à bimatu & infra, secundùm tempus quod exquisierat à Magis. Et reliqua.

Homélie de saint Jean Chrysostôme.
Homelie 9. sur S. Matthieu.

Homilia sancti Joannis Chrysostomi.

HErode, au lieu de se mettre en colére, devoit bien plutôt se modérer, & demeurant dans une

HErodem certè non oportuerat irasci, sed comprimi potiùs ac timere, atque intelligere quòd rem ſtultam conaretur. Sed coerceri nequit animus pravâ ſemel voluntate vitiatus, jamque immedicabiliter ægrotans ; neque cedit , magnis quamlibet à Deo remediis indultis. Conſidera igitur iſtum prioribus malis addere poſteriora, certantem , & homicidia homicidiis jungentem , perque omnia furibundum in præcipitia labentem : quaſi enim ab aliquo dæmonum , irâ , iracundiâ , invidiâque vexatus, nullâ prorſus ratione frænatur, ſed contra ipſam furit naturam ; & iram, quâ adversùs Magorum illuſionem fremebat , in parvulos innocentes vertit ; tale quiddam in Palæſtina facere aggreſſus , quale Pharao in Ægypto perpetrârat.

crainte reſpectueuſe comprendre que ſon entrepriſe étoit inſenſée. Mais un eſprit corrompu par ſa mauvaiſe volonté n'eſt plus capable de ſe contenir , & ſon mal étant devenu incurable , il ne céde à aucun des remédes que Dieu employe pour le calmer. Remarquez comment il s'empreſſe d'ajouter de nouvelles injuſtices à celles qu'il a déja commiſes , d'accumuler homicides ſur homicides , & comme un furieux de ſe précipiter de plus en plus dans un abyſme de maux. Car comme ſi la colére, la fureur & l'envie étoient autant de démons qui l'agitaſſent, il ſe rend inſenſible à la raiſon , il s'en prend à la nature même la plus éloignée du mal ; & il tourne la violence qu'il auroit voulu exercer ſur les Mages qui l'avoient trompé, contre des enfans innocens. Il imite ainſi dans la Paleſtine la cruauté que Pharaon avoit autrefois fait paroître en Egypte.

℞. Jerusalem , tu te réjouiras dans tes enfans ; * Parce qu'ils seront tous bénis , & qu'ils se réuniront tous au Seigneur. ℣. Mes brebis ne périront jamais , & nul ne me les arrachera d'entre les mains. * Parce qu'ils. Gloire au Pere. * Parce qu'ils seront tous bénis , &c.

℞. Jerusalem , lætaberis in filiis tuis ; quoniam * Omnes benedicentur , & congregabuntur ad Dominum. ℣. Oves meæ non peribunt in æternum, & non rapiet eas quisquam de manu mea. *Omnes. Gloria Patri. * Omnes. *Tob.* 13. *Joan.* 10.

LEÇON VIII.

MAis dites-nous, cruel Hérode , de quelle apparence de raison pouvez-vous couvrir votre colére , lorsque vous vous voyez trompé par les Mages ? Ne sçaviez-vous pas que la naissance de J. C. étoit divine? N'aviez-vous pas assemblé les Princes des Prêtres & les Docteurs ? Et ne vous avoient-ils pas apporté en témoignage les paroles du Prophète , qui avoit prédit cette naissance long-tems avant qu'elle arrivât ? N'avez-vous pas dû sentir que l'événement répondoit aux anciennes prophéties? Ne vous a-t-on pas dit qu'une étoile avoit

QUo , Herodes sævissime , colore rationis iratus es, cùm te à Magis illusum videres? Non cognoveras ortum illum esse divinum ? Non tu Principes convocaveras Sacerdotum ? Non ipse congregaveras Scribas ? Non etiam illi qui à te fuerant convocati , Prophetam secum in judicium illius consilii protulerunt, qui olim ista prædixerat ? Non intellexisti nova veteribus consonare ? Non audisti quoniam Magos stella deduxerit ? Cur non erubui-sti tam laudabile stu-dium barbarorum ? Cur non es reveritus veritatem ? Cur non ex præcedentibus etiam extrema pen-sitasti ? Cur non ex his omnibus collegisti nequaquam Mago-rum illusioni depu-tandum esse quod fa-ctum est, sed divi-næ virtuti omnia providè & utiliter ordinanti ? Quòd si esses etiam Mago-rum fraude decep-tus, quid hoc præ-judicaret innocenti-bus ?

conduit les Mages ? Le zèle de ces hommes sans lumiére & sans instruction n'auroit - il pas dû vous faire rougir ? Pourquoi la vérité n'a-t-elle fait aucune impression sur vous? Pour-quoi n'avez-vous pas jugé du présent par les événe-mens passés ? Et pourquoi n'avez-vous pas conclu des anciennes paroles, qu'il ne falloit pas imputer aux Mages un événement qui venoit uniquement de la puissance divine, qui ré-gle avec une sagesse infinie tout ce qui peut être utile aux hommes ? Mais quand même les Mages vous au-roient trompé, quel droit auriez - vous de vous en venger sur des enfans in-nocens ?

℞. Gaudebo in po-pulo meo, & *Non audietur in eo ultrà vox fletûs, & vox clamoris. ℣. Mors ultrà non erit, neque luctus, neque cla-mor, neque dolor. *Non audietur in eo. Gloria Patri. * Non audietur in eo. *If.* 65. *Apoc.* 21.

℞. Je mettrai ma joie dans mon peuple ; & *On n'y entendra plus de voix lamentables, ni de tristes cris. ℣. La mort ne sera plus : il n'y aura plus ni pleurs, ni cris, ni dou-leur. * On n'y entendra plus de voix lamenta-bles, &c. Gloire au Pere. * On n'y entendra plus de voix lamentables, &c.

LEÇON IX.

CE fut alors qu'on vit s'accomplir ce qui avoit été dit par le Prophète Jérémie : *Un grand bruit a été entendu dans Rama, des plaintes & des cris lamentables : Rachel pleurant ses enfans, & ne voulant point recevoir de consolation de leur perte.* Arrangement admirable ; car l'Evangeliste venant d'inspirer à son lecteur, par l'histoire du massacre des Innocens, toute l'horreur que méritoit une action si barbare ; il le console, en lui apprenant que cet évènement n'est pas arrivé, parce que Dieu n'a pu le prévoir ni l'empêcher, puisqu'il l'a fait annoncer longtems auparavant par son Prophète. Ne vous troublez donc point, & ne vous laissez point abattre, lorsque vous voyez la conduite de la Providence se développer d'une maniére sensible, non-seulement dans les événemens qu'elle opére par elle-même, mais aussi dans

TUnc adimpletum est quod dictum est per Jeremiam Prophetam, dicentem : Vox in Rama audita est, ploratus & ululatus multus : Rachel plorans filios suos, & noluit consolari, quia non sunt. Admirabilis consequentia : quia enim auditorem magnitudine horroris impleverat Evangelista , crudelem illam mactationem describens ; rursus eum consolatur, & dicit quòd non idcirco illa facta sint, quia ea Deus prohibere nequiverit, aut futura non viderit ; sed quæ certè & præscierit, & per Prophetam longè antè prædixerit. Ne igitur turberis & concidas, ad ineffabilem providentiam ejus prospiciens, quam & per illa quæ operatur ipse , & per ista quæ ab aliis fieri sinit, perspicuè possumus intueri.

℞. Convertam luctum eorum in gaudium : * Et † Consolabor eos , & lætificabo à dolore suo. ℣. Ego dabo de fonte aquæ vitæ gratis. * Et consolabor. Gloria Patri. † Consolabor. *Jer.* 31. *Apoc.* 21.

ceux qu'elle permet pour accomplir ses desseins.

℞. Je changerai leurs pleurs en des chants de réjouissance, & je les consolerai : * Et † Après leur douleur, je les remplirai de joie. ℣. Je leur donnerai gratuitement à boire de la source d'eau vive. * Et après leur douleur. Gloire au Pere. † Après leur douleur.

On répéte ici le ℞. jusqu'au ℣.

Te Deum laudamus.

℣. *Sacerd.* Laudate, pueri, Dominum; ℞. Laudate nomen Domini. *Ps.* 112.

℣. *Sacerd.* Enfans, louez le Seigneur : ℞. Louez le nom du Seigneur.

A LAUDES.

Pseaumes & Cantique du Dimanche.

Ant. Consurge, Sion, effunde sicut aquam cor tuum ante conspectum Domini : leva ad eum manus tuas pro anima parvulorum tuorum. *Thren.* 2.

Ant. Levez-vous, fille de Sion, répandez votre cœur comme de l'eau devant le Seigneur : élevez vos mains vers lui pour l'ame de vos petits enfans.

Ant. Cùm cogitarent justorum occidere infantes, uno liberato , suscepta

Ant. Pendant qu'ils étoient occupés à faire périr des enfans innocens, un seul échapé à la fureur des méchants a procuré le salut de tout un peuple.

Ant. Vos enfans bondirent comme des agneaux en vous glorifiant, Seigneur, qui les aviez délivrés.

Ant. Ils ont loué tous ensemble votre main victorieuse ; parce que la sagesse a ouvert la bouche des muets, & qu'elle a rendu éloquentes les langues des petits enfans.

Ant. Ils seront couronnés d'une allégresse éternelle : le ravissement de leur joie ne sera point interrompu : la douleur & les gémissemens seront pour eux bannis à jamais.

est à populo sanitas. *Sap.* 18.

Ant. Pueri tui tanquam agni exultaverunt, magnificante te, Domine, qui liberasti illos. *Sap.* 19.

Ant. Victricem manum tuam laudaverunt pariter ; quoniam sapientia aperuit os mutorum, & linguas infantium fecit disertas. *Sap.* 10.

Ant. Lætitia sempiterna super caput eorum : gaudium & lætitiam obtinebunt, & fugiet dolor & gemitus. *Is.* 35.

C A P I T U L E Sap. 4.

LA grace de Dieu & sa miséricorde est sur ses Saints ; & ses regards favorables sont sur ses Elus. Le juste, après sa mort, condamne les méchans qui lui survivent ; & la briéveté de ses jours est la condamnation de la longue vie de l'injuste.

GRatia Dei & misericordia est in Sanctos ejus, & respectus in Electos illius. Condemnat autem justus mortuus vivos impios, & juventus celerius consummata longam vitam injusti.

H Y M N E.

MOLLES in agnos ceu lupus
Amens tyrannus irruit ,
Et deftinat promifcuâ
In ftrage Chriftum perdere.
CUNÆ redundant fanguine :
Sed in Deum fruftrà furit ,
Unum petit tot mortibus ;
Mortes tot unus effugit.

MATRES, querelis parcite.
Quid rapta fletis pignora ?
Agnum falutis obfidem
Denfo fequuntur agmine.

QUI natus es de Virgine ,
Jefu , tibi fit gloria
Cum Patre, cumque Spiritu ,
In fempiterna fecula. Amen.

℣. Ex ore infantium & lactentium,

COmme un loup cruel fe jette fur de tendres agneaux , l'impie Hérode fait égorger de jeunes enfans , & veut envelopper Jefus dans ce carnage univerfel.

Le fang de ces innocentes victimes inonde leurs berceaux ; mais c'eft en vain que le tyran porte fa rage contre Dieu même : en faifant mourir tant d'enfans , il n'en veut perdre qu'un feul ; & c'eft le feul qui fe fouftrait à fes coups.

Ceffez , meres affligées, de vous plaindre , & de pleurer la perte de ceux qui faifoient l'objet de votre tendreffe ; ils marchent honorablement à la fuite de l'Agneau envoyé de Dieu pour être le gage de notre falut.

Gloire à vous , ô Jefus, qui êtes né d'une Vierge ; foyez honoré avec le Pere & le Saint-Efprit , dans tous les fiécles des fiécles. Ainfi foit-il.

℣. Vous tirez votre gloire , ô Dieu , de la bouche des enfans & de ceux qui font encore à la mammelle, ℟. Pour confondre vos ennemis.

Deus, perfecifti laudem, ℟. Propter inimicos tuos. *Pf.* 8.

A Benedictus.

'*Ant.* Ils fervent Dieu nuit & jour dans fon temple : ils n'auront plus ni faim, ni foif. L'Agneau qui eft au milieu du trône, les menera à des fources d'eaux vives.

Ant. Serviunt Deo die ac nocte in templo ejus : non efurient, neque fitient ampliùs. Agnus qui in medio throni eft, deducet eos ad vitæ fontes aquarum. *Apoc.* 7.

L'Oraifon de la Meffe.

Mémoire de la Nativité de notre Seigneur.

Ant. Mon Sauveur a paru : ceux que le Seigneur a rachetés, retourneront à Sion , & ils y viendront chanter fes louanges. Alleluia.

Ant. Egreffus eft Salvator meus : & nunc qui redempti funt à Domino, revertentur, & venient in Sion laudantes. Alleluia. *If.* 51.

℣. Il eft comme un époux, ℟. Qui fort de fon lit nuptial.

℣. Ipfe tamquam fponfus, ℟. Procedens de thalamo fuo. *Pf.* 18.

L'Oraifon comme à la Meffe.

AUX HEURES. *Doxologie,* Qui natus es de Virgine. *Pfeaumes du Dimanche.*

A PRIME.

'*Ant.* Confurge. *à Laudes.*

CANON.

Des Décrets des Evêques de l'Eglife de France affemblés à Melun.

Ex Decretis Ecclefiæ Gallicanæ in conventu Melodunenfi.

L'an 1579. *tit. du Sacrement de l'Ordre.*

DUobus conftat totum Presbyterorum minifterium ; quorum alterum eft ut in commiffum fibi populum, Deum reddere propitium nitantur piis precibus ac facrificiis; alterum, ut fint Religionis magiftri, meditantes in lege Domini die ac nocte.

TOut le miniftére des Prêtres confifte en deux points : le premier eft de tâcher de rendre par leurs pieufes priéres & leurs faints facrifices, Dieu favorable au peuple qui leur eft confié : le fecond eft d'être maîtres de la Religion, en méditant jour & nuit la loi du Seigneur.

A TIERCE. Ant. Cùm cogitarent.

CAPITULE. *Dan.* 3.

SIcut in holocaufto arietum & taurorum, & ficut in millibus agnorum pinguium ; fic fiat facrificium noftrum in confpectu tuo, Domine.

QUe notre facrifice s'accompliffe devant vous, Seigneur, comme fi nous vous offrions des holocautes de béliers & de taureaux, & des milliers d'agneaux engraiffés.

℞. *br.* Propter te, Domine, '* mortificamur totâ die. * Alleluia, alleluia. Propter te. ℣. Æftimati fumus * ficut oves occifionis. * Alleluia. Gloria Patri. Propter te.

℞. *br.* Nous fommes livrés à la mort pour vous, Seigneur, dès le moment de notre naiffance. * Alleluia, alleluia. Nous fommes, &c. ℣. On nous regarde comme des brebis deftinées à la boucherie. * Allel. Gloire au Pere. Nous fommes.

℣. Salvafti nos, Domine, de affli-

℣. Vous nous avez fauvés, Seigneur, de nos enne-

mis : ℞. Vous avez con- | gentibus nos : ℞. Et
fondu ceux qui étoient | odientes nos confu-
animés de haine contre | difti. *Pf.* 43.
nous.

A LA PROCESSION.

℞. Convertam, &c. *après la* IX. *Leçon de Matines.*

℣. Le Seigneur veille fur les jours de ceux qui font purs & fans tache ; ℞. Et leur héritage fera éternel.

℣. Novit Dominus dies immaculatorum : ℞. Et hæreditas eorum in æternum erit. *Pf.* 36.

ORAISON.

SEcourez - nous , Seigneur , par les priéres de ces Saints , qui ne pouvant encore confeſſer de bouche le nom de votre Fils , ont été couronnés de la gloire célefte , en rendant témoignage à fa naiſſance par l'effuſion de leur fang ; Par le même J. C. N. S.

ADjuva nos, Domine , quæfumus , eorum deprecatione Sanctorum , qui Filium tuum humanâ necdum voce profitentes , cœlefti funt pro ejus Nativitate gloriâ coronati ; Per eumdem Chriftum.

A LA MESSE.

INTROÏT. *Pf.* 8.

O Dieu, vous avez tiré une louange parfaite de la bouche des enfans, & de ceux qui font à la mammelle, pour confondre vos ennemis. *Pf.* O Dieu notre fouverain Seigneur, que votre nom eft

EX ore infantium, Deus , & lactentium perfecifti laudem propter inimicos tuos. *Pf.* Domine Dominus nofter , * quàm admirabile eft nomen tuum in universâ terra! Gloria. Ex ore.

admirable dans toute sa terre! Gloire. O Dieu.

COLLECTE.

DEus, cujus hodiernâ die præconium Innocentes Martyres, non loquendo, sed moriendo confessi sunt: omnia in nobis vitiorum mala mortifica ; ut fidem tuam, quam lingua nostra loquitur, etiam moribus vita fateatur.

O Dieu, dont les saints Innocens Martyrs publient aujourd'hui la gloire, non en parlant, mais en répandant leur sang : faites mourir en nous tous les vices ; afin que la foi que nous confessons de bouche , soit aussi annoncée par la sainteté de notre vie.

On fait sous la même conclusion , mémoire de la Nativité de notre Seigneur.

COncede, quæsumus, omnipotens Deus , ut nos Unigeniti tui nova per carnem nativitas liberet , quos sub peccati jugo vetusta servitus tenet; Per eumdem Dominum.

FAites , ô Dieu toutpuissant , que la nouvelle naissance de votre Fils, unique selon la chair affranchisse des captifs que le joug du péché tient depuis si long tems dans une continuelle servitude; Par le même J. C.

Lectio libri Apocalypsis beati Joannis Apostoli. 14.

Leçon de l'Apocalypse de S. Jean.

IN diebus illis, Vidi , & ecce Agnus stabat supra montem Sion , & cum eo centum quadraginta quatuor

EN ces jours là , je regardai, & vis l'Agneau sur la montagne de Sion ; & avec lui cent quarante quatre mille personnes qui portoient son nom, & le nom de son Pere écrit sur leurs fronts. J'entendis alors une voix qui venoit du ciel, comme un bruit de grandes eaux, & comme le bruit d'un grand tonnerre : & cette voix que j'entendis, étoit comme le son de plusieurs harpes touchées par des joueurs d'instrumens. Ils chantoient comme un cantique nouveau devant le thrône, devant les quatre animaux & les vieillards ; & personne ne pouvoit chanter ce cantique, que ces cent-quarante - quatre mille qui ont été rachetés de dessus la terre. Ce sont ceux qui ne se font point souillés avec les femmes, parce qu'ils sont vierges. Ils suivent l'Agneau par-tout où il va : ils ont été achetés d'entre tous les hommes, pour être les prémices offertes à Dieu & à l'Agneau ; & leur bouche n'a point proféré le mensonge : aussi sont - ils purs & irrépréhensibles devant le thrône de Dieu.

millia, habentes nomen ejus, & nomen Patris ejus scriptum in frontibus suis. Et audivi vocem de cœlo tanquam vocem aquarum multarum, & tanquam vocem tonitrui magni : & vocem quam audivi, sicut citharœdorum citharizantium in citharis suis. Et cantabant quasi canticum novum ante sedem & ante quatuor animalia, & seniores : & nemo poterat dicere canticum, nisi illa centum quadraginta quatuor millia, qui empti sunt de terra. Hi sunt qui cum mulieribus non sunt coinquinati; virgines enim sunt. Hi sequuntur Agnum quòcumque ierit. Hi empti sunt ex hominibus primitiæ Deo & Agno, & in ore eorum non est inventum mendacium; sine macula enim sunt ante thronum Dei.

GRADUEL. *Ps.* 123.

Notre ame, comme

Anima nostra, sic

cut passer , erepta est de laqueo venantium. ℣. Laqueus contritus est, & nos liberati sumus : adjutorium nostrum in nomine Domini, qui fecit cœlum & terram.

un passereau , a été délivrée du filet des oiseleurs. ℣. Le filet a été rompu, & nous avons été délivrés: notre secours est venu du Seigneur , qui a fait le ciel & la terre.

Alleluia , alleluia.

℣. Laudate, pueri , Dominum : laudate nomen Domini. Alleluia. *Ps.* 112.

℣. Enfans, louez le Seigneur : louez le nom du Seigneur. Alleluia.

PROSE.

PLORAT natos,
Crudeli ferro necatos,
Rachel mater.
TOT mortalis
Præreptos è vitæ malis
Gaudet æther.
SANGUIS hic qui diffluit,
Christi cunas alluit
Vitam dantes.
DUM cæduntur victimæ,
Evolant hinc animæ
Triumphantes.
MIXTÆ nunc Cœlitibus
Addunt se canentibus
Laudem Deo.

RAchel pleure la mort de ses enfans indignement égorgés.

Le ciel au contraire se réjouit de les voir délivrés de cette vie malheureuse.

Le sang qui coule de toutes parts, arrose le berceau de Jesus-Christ qui nous donne la vie.

Tandis qu'on immole ces innocentes victimes, leurs ames triomphantes s'élevent au ciel.

Unies aux Bienheureux, elles chantent avec eux les louanges du Tout-puissant.

Le barbare Hérode s'ar-
me d'un fer meurtrier :
mais ces enfans reçoivent
la paix que le ciel leur annonce.

L'Agneau sans tache
consacre à son Pere ces innocentes victimes, comme
les prémices de ses élus.

Il se dévoue lui-même à
la mort par ce gage pré-
cieux : bientôt il répandra
son sang pour nous rache-
ter.

O heureux enfans, qui
donnez à l'Eglise les prémices des Martyrs, & l'ef-
pérance de la croix de notre divin Sauveur.

Déja la Synagogue est
détruite : un nouveau chemin nous est ouvert, pour
ravir promptement le
royaume des cieux.

Si vous nous ordonnez,
divin Rédempteur, de
courir dans cette carriére,
que votre grace soit notre
guide.

Que votre enfance sa-
crée soit notre régle pendant la vie, & notre ef-
pérance à l'heure de la
mort. Amen.

GLADIUM Rex
arripit :
Pacem infans reci-
pit
Missam cœlo.

AGNUS has primi-
tias,
Innocentes hostias,
Patri vovet.
Hoc se ligat pi-
gnore :
Suo quondam cor-
pore
Ipse solvet.
O felix infantia,
Quâ capit Ecclesia
Martyrum primor-
dia,
Et spem crucis !

SYNAGOGA clau-
ditur :
Via nova panditur,
In brevi quâ rapi-
tur
Regnum lucis.
Hoc nos itinere
Si jubes currere ;
Christe, sit tua dux
gratia.

NORMA viventi-
bus,
Spes morientibus
Sacra tua sit infantia.
Amen.

Sequentia sancti Evangelii secundùm Matthæum *C.* 2.

IN illo tempore, Herodes videns quoniam illusus esset à Magis, iratus est valdè ; & mittens occidit omnes pueros qui erant in Bethleem, & in omnibus finibus ejus, à bimatu & infra, secundùm tempus quod exquisierat à Magis. Tunc adimpletum est quod dictum est per Jeremiam Prophetam dicentem : Vox in Rama audita est, ploratus & ululatus multus ; Rachel plorans filios suos, & noluit consolari, quia non sunt. Credo.

Suite du saint Evangile selon S. Matthieu.

EN ce tems-là, Hérode voyant qu'il avoit été trompé par les Mages, entra dans une grande colére, & envoya tuer tous les enfans qui étoient dans Bethléem & aux environs, depuis l'âge de deux ans & au-dessous, selon le tems dont il s'étoit fait informer par les Mages. Ce fut alors que s'accomplit cette parole du Prophéte Jérémie : On a entendu une voix dans Rama, des plaintes & des cris lamentables : c'est Rachel qui pleure ses enfans ; & elle ne veut point se consoler, parce qu'ils ne sont plus.

OFFERTOIRE.

Sicut in millibus agnorum pinguium, sic fiat sacrificium nostrum in conspectu tuo hodie ; ut placeat tibi, Domine. *Dan.* 3.

Comme un holocauste de mille agneaux choisis, que ce sacrifice se consomme devant vous aujourd'hui, Seigneur, & soit agréable à vos yeux.

SECRETE.

ADesto, Domine, muneribus Innocentûm festivitate

REgardez favorablement, Seigneur, les dons que nous vous offrons dans la Fête des saints Innocents ; & faites-nous imiter l'innocence & la pureté de ceux dont nous honorons l'enfance, & qui vous a été immo-lée.

facrandis ; & præsta, ut eorum sinceritatem possimus imitari, quorum tibi dicatam veneramur infantiam.

Mémoire de la Nativité.

REcevez favorablement, Seigñr, l'oblation que nous vous offrons dans cette auguste solemnité ; afin que l'union sainte que nous avons avec vous par les saints mystères, nous rende par votre grace des enfans d'adoption, & nous fasse renaître en celui qui a bien voulu naître comme Fils de l'homme pour l'amour de nous : Lui qui étant Dieu vit & regne avec vous en l'unité du Saint-Esprit, &c.

ACcepta tibi sit, Domine, quæsumus, hodiernæ solemnitatis oblatio ; ut tuâ gratiâ largiente, per hæc sacrosancta commercia, adoptionis tuæ filii in illo renascamur, qui propter nos filius hominis nasci dignatus est, Jesus Christus Dominus noster; Qui tecum vivit & regnat in unitate SpiritûsSancti Deus, per omnia, &c.

Préface & le Communicantes. *de la Nativité.*

COMMUNION.

L'Agneau qui est au milieu du thrône, les conduira lui-même à des sources d'eaux vives ; & Dieu essuyera toutes les larmes de leurs yeux.

Agnus qui in medio throni est, reget illos, & deducet eos ad vitæ fontes aquarum ; & absterget Deus omnem lacrymam ab oculis eorum. *Apoc.* 7.

POSTCOMMUNION.

DEus, qui licèt sis magnus in magnis, mirabilia tamen gloriosiùs operaris in minimis : da nobis, quæsumus, in eorum celebritate gaudere, qui Filio tuo Domino nostro testimonium præbuerunt etiam non loquentes.

O Dieu, qui tout grand que vous êtes dans les grandes choses, faites néanmoins éclater davantage votre gloire par les merveilles que vous opérez dans les plus petites : pénétrez-nous d'une sainte joie dans la fête de ceux, qui même sans parler ont rendu témoignage à Jesus-Christ notre Seigneur.

[*Mémoire de la Nativité.*

PRæsta, quæsumus, omnipotens Deus, ut natus hodie Salvator mundi, sicut divinæ generationis est auctor, ita & immortalitatis sit ipse largitor ; Qui tecum.

FAites, s'il vous plaît, Dieu tout-puissant, que le Sauveur du monde, qui en naissant aujourd'hui selon la chair, nous donne une naissance divine, nous accorde aussi l'immortalité ; Lui qui étant Dieu vit & regnez, &c.

A SEXTE. Ant. Pueri tui.

CAPITULE. 2. *Tim.* 1.

DEus nos liberavit & vocavit vocatione suâ sanctâ, non secundùm opera nostra, sed secundùm propositum suum & gratiam.

DIeu nous a sauvés, & nous a appellés par sa vocation sainte, non à cause de nos œuvres, mais par le décret de sa volonté & par sa grace.

℞. *br.* Anima nostra, sicut passer, erepta

℞. *br.* Notre ame, comme un passereau, a été délivrée

délivrée du filet des oiseleurs. * Alleluia, alleluia.
Notre ame. ℣. Le filet a
été rompu, & nous avons
été délivrés. * Alleluia,
alleluia. Gloire au Pere.
Notre ame.

℣. Béni soit le Seigneur,
℟. Qui ne nous a pas livrés
en proie à leur rage.

est * De laqueo ve-
nantium, * Alleluia, al-
leluia. Anima nostra.
℣. Laqueus contritus
est , * & nos libe-
rati sumus. * Alle-
luia. Gloria. Anima.
℣. Benedictus Do-
minus, ℟. Qui non
dedit nos in captio-
nem dentibus eorum.
Pf. 123.

A NONE. Ant. Lætitia.

CAPITULE. *Sap.* 5.

ILs vivront éternelle-
ment : le Seigneur est
leur récompense, & le
Très-haut s'occupe de leur
félicité. C'est pourquoi ils
recevront de la main du
Seigneur un royaume ad-
mirable , & un diadême
éclatant de gloire.

℟. *br.* Le Seigneur a
tiré ses enfans de l'oppres-
sion. * Alleluia , alleluia.
Le Seigneur. ℣. Le Sei-
gneur a délivré ses élus
au milieu des cris de joie
& d'allégresse. * Alleluia.
Gloire. Le Seigneur.

℣. Que tous ceux qui
vous cherchent, Seigneur,

IN perpetuum vi-
vent , & apud
Dominum est merces
eorum, & cogitatio
illorum apud Altissi-
mum. Ideo accipient
regnum decoris , &
diadema speciei de
manu Domini.

℟. *br.* Eduxit po-
pulum suum * in
exultatione, * Alle-
luia, alleluia. Eduxit.
℣. Et electos suos * in
lætitia. * Alleluia.
Gloria Patri. Eduxit.
Pf. 104.

℣. Exultent, &
lætentur super te,

I

℟. Omnes quærentes te , Domine. *Pf.* 39.

℟. Mettent en vous leur joie & leur bonheur.

AUX II. VESPRES.

Pff. & Ant. des I. Vêpres.

CAPITULE. *Apoc.* 14.

HI sunt qui cum mulieribus non sunt coinquinati : virgines enim sunt. Hi sequuntur Agnum quòcunque ierit.

CE sont là ceux qui ne se sont point souillés avec les femmes; ils sont vierges , & suivent l'Agneau par-tout où il va.

L'Hymne comme aux I. Vêpres.

℣. Deus noster miseretur : ℟. Custodiens parvulos Dominus. *Pf.* 114.

℣. Notre Dieu est plein d'une tendre compassion : ℟. Le Seigneur garde les petits.

A Magnificat. Ant.

Servient Deo & Agno , & videbunt faciem ejus : & nomen ejus in frontibus eorum. *Apoc.* 22.

Ant. Ils serviront Dieu & l'Agneau , ils jouiront de sa présence : & son nom sera écrit sur leurs fronts.

L'Oraison comme à la Messe.

Mémoire de la Nativité , comme aux I. Vêpres.

A COMPLIES. *Pff. du Dimanche.*

Antiennes comme hier.

AU SALUT.

Le Répons & l'Hymne des I. Vêpres , le ℣. & l'Ant. de Magnificat. des II. Vêpres ; l'Oraison de la Messe.

DANS L'OCTAVE
DES SAINTS INNOCENS.

Jufqu'au 2 Janvier exclufivement, on fait de la Nativité & de la Circoncifion de notre Seigneur, avec mémoire de l'Octave des faints Innocens à Laudes, à la Meffe & à Vêpres, avant toutes les autres mémoires, s'il s'en rencontre.

LE SECOND JOUR DE JANVIER.
DE L'OCTAVE DES SS. INNOCENS.
Semidouble.

I. LEÇON *de l'Ecriture, marquée au Breviaire pour le 2. Janvier.*

LEÇON II.
Sermo fancti Auguftini Epifcopi.
Serm. 9.

UBi ex Michææ oraculis locus nativitatis Chrifti apud Bethleem defignatus eft, uno præcepto Herodes rex omnes lactentes pueros, non folùm apud Bethleem, fed & in omnibus ejus finibus, à binis & infra fecundùm tempus quod exploraverat à Magis, interimi jubet, fi quomodò etiam Jefum cum æquævis poffet extinguere. Deceptus Herodes rex, & illufus à Magis, mittit in Bethleem, & in omnes fines ejus, ut interficiantur pueri à bimatu & infra. Occiduntur pro Chrifto parvuli, pro juftitia moritur innocentia. Quàm beata ætas, quæ nondum Chriftum poteft loqui, & jam pro

I ij

Christo meretur occidi ! Quàm feliciter nati, quibus in primo nascendi limine æterna vita obviàm venit ! Immaturi videntur ad mortem, sed feliciter moriuntur ad vitam. Nondum ingressi infantiæ cunas, & jam perveniunt ad coronas. Rapiuntur quidem à complexibus matrum, sed redduntur gremiis Angelorum.

III. LEÇON *de S. Basile, les deux en une.*

℣ *Si le 2. Janvier est* DIMANCHE, *l'Office se fait comme le jour de la Fête, excepté ce qui suit.*

AU I. NOCT. Les Leçons de l'Ecriture occurrente.

AU II. NOCTURNE.

LEÇON IV.

Sermo sancti Petri Chrysologi.
Sur le massacre des SS. Innocens. 152.

ZElus quò tendat, invidia quò feratur, Herodiana hodie patefecit immanitas : quæ dum temporalis regni æmulatur angustias, æterni Regis ortum molitur extinguere. Videns quia illusus esset à Magis, dolet impietas se illusam, dilatam se crudelitas, furit. Herodes stridet, cadens ipse in laqueum quem tetendit. Hinc iniquitatem quam condiderat, evaginat. Terreno quærit furore quem natum cœlitùs non credit. Ad sinus matrum, militum cogit castra ; inter ubera, arcem pietatis oppugnat ; in teneris uberibus ferrum durat ; lac fundit, antequàm sanguinem ; dat antè mortem sentire quàm vitam ; tenebras ingerit intrantibus lucem. Sic agit magister mali, minister doli, iræ artifex, inventor sceleris, impietatis auctor, pietatis prædo, inimicus innocentiæ, hostis naturæ ; quem Christus, non ut evaderet, sed ne videret, aufugit.

L e ç o n V.

O Ambitio, quàm cæca semper ! O quàm perdit concessa, qui inconcessa capiat ! Herodes obsidens terrenum regnum, impugnat cœleste ; terrenis inhians, irruit in divina. Audierat natum Regem ; quæsierat ubi, quando, unde, & ad quid. Ac qualiter debuerat, non quælivit. Herodes tunc cæcus Christum gladiis quærit, investigat cruore, crudelitate rimatur. Successorem timens, incessit in auctorem : peremit Innocentes, volens innocentiam deperire. Rector populi, disciplinæ censor, æquitatis defensor, innocentis causam facit innocentium crimen. Infantes, quid ? Quorum lingua tacuit, oculi nil viderunt, quibus actus nullus est : unde culpa ? Sumpserunt mortem, qui vivere nescierunt. Non tempus affuit, non excusavit ætas ; silentium non defendit ; quibus apud Herodem, solùm quòd nati sunt, hoc fuit crimen. Quis excusabit quem pulsat innocentia, infantia impetit, lac ut sanguis accusat ?

L e ç o n VI.

AT Christus futurorum præscius, mentium perscrutator, quare deseruit quos sciebat quærendos esse propter se, & propter se noverat occidendos ? Natus Rex, & Rex cœlestis quare neglexit milites innocentiæ suæ ? Quare cunabulis suis deputatus excubias sic reliquit, ut Regem solum quæsiturus hostis totum grassaretur in militem ? Fratres, Christus non despexit suos milites ; sed provexit, quibus dedit antè triumphare quàm vivere ; quos fecit capere sine concertatione victoriam ; quos donavit coronis antequàm membris ; quos voluit

antè cœlum poſſidere quàm terram , nec antè
humanis inſerere quàm divinis.

AU III. NOCTURNE.

Leçon VII.

Lectio ſancti Evangelii ſecundùm Matthæum.
Cap. 2.

IN illo tempore ; Herodes videns quoniam
illuſus eſſet à Magis , iratus eſt valde ; &
mittens occidit omnes pueros qui erant in Beth-
lem , & in omnibus finibus ejus. Et reliqua.

Homilia ſancti Hieronymi Presbyteri.
Liv. 1. Commentaire ſur S. Matthieu.

TUnc adimpletum eſt quod dictum eſt per
Jeremiam Prophetam dicentem : Vox in
Rama audita eſt , ploratus & ululatus multus ;
Rachel plorans filios ſuos. De Rachel natus eſt
Benjamin , in cujus tribu non eſt Bethleem.
Quæritur ergo quomodò Rachel filios Judæ ,
id eſt Bethleem , quaſi ſuos ploret. Reſponde-
bimus breviter quia ſepulta ſit juxta Bethleem
in Ephrata ; & ex materno corpuſculi hoſpitio ,
matris nomen acceperit. Sive quoniam Juda &
Benjamin duæ tribus junctæ erant ; & Herodes
præceperat non ſolùm in Bethleem interfici pueros , ſed & in omnibus finibus ejus.

Leçon VIII.

PEr occiſionem Bethleem , intelligimus multos etiam de Benjamin fuiſſe cæſos. Plorat
autem filios ſuos , & non recipit conſolatio-
nem , ſecundùm duplicem intelligentiam , ſive
quòd eos in æternum mortuos æſtimaret , ſive
quòd conſolari ſe nollet de his quos ſciret

effe victuros. Quod autem dicitur Rama, non putemus loci nomen effe juxta Gabaa ; fed Rama excelfum interpretatur : ut fit fenfus, Vox in excelfo audita eft, id eft, longè latequè difperfa.

IX. LEÇON, *de l'Homélie fur l'Evangile du Dim. entre la Circoncifion & l'Epiphanie ; pourlors il n'y a point de Leçon de S. Bafile.*

A LAUDES, tout comme au jour de la Fête, avec mémoire de S. Bafile. (S'il eft Dimanche , on en fait mémoire avant la mémoire de S. Bafile.) On ne fait point de mémoire de la fainte Vierge.

AUX HEURES, *comme le jour de la Fête.*

A LA MESSE, mémoire de S. Bafile , la Préface de la Nativité , & le Communicantes. ordinaire.

VESPRES de fainte Geneviève , avec mémoire des SS. Innocens & de S. Bafile.

LE III. JANVIER.

Tout l'Office de fainte Geneviève , avec mémoire des SS. Innocens.

A VESPRES, les Ant. de fainte Geneviève ; depuis le Capitule on fait des SS. Innocens comme aux I. Vêpres de la Fête , avec mém. de Ste Geneviève & de S. Rigobert.

A COMPLIES , *Ant. du Pfeautier fur les Pfeaumes de la Férie. A* Nunc dimittis. *Ant.* In judicium. *au Breviaire.*

LE IV. JANVIER.

L'OCTAVE DES SS. INNOCENS.

Double-majeur.

L'Office comme au jour de la Fête, excepté le rit annuel, & ce qui suit.

Pseaumes de la Férie à tout l'Office.

AU I. NOCTURNE, les Leçons marquées au Breviaire pour le 4 Janvier.

AU II. NOCTURNE.

LEÇON IV.

Ex Epistola sancti Cypriani Episcopi & Martyris. *Epître 40.*

DElusum se Herodes conqueritur, cùm Magos aliàs comperit divertisse ; & acriori inflammatus rabie in neces Innocentium debacchatur. Sic Sanctorum persecutionibus tyrannus crudelis illuditur, qui dum putat perdere quos occidit, melioris vitæ statum eis procurat ; & quod ille in perditionem molitur, hi utuntur pro beneficio, quibus lucra vitæ perpetuæ per hæc momentanea damna celeri compendio acquiruntur. Ecce parvuli isti, quos hostis naturæ, pietatis inimicus, inauditæ crudelitatis monstrum, Herodes, occidit, subitò fiunt Martyres; & dum vice Christi detruncantur, testimonium quod nondum poterant sermone, perhibent passione ; & sufficit causa testimonio, licèt nondum eloqui distinguatur.

LEÇON V.

ACta est Nativitatis solemnitas sursum, jubilantibus Angelis, deorsum ex ore infantium & lactentium laus est perfecta, resonantibus usque ad cœlos victoriæ tubis ; & versus est parvulorum vagitus in gaudium, & luctus in jubilum. Nec potuit mundus inficere infantilem exercitum ; sed in ipso vitæ initio tota illa innocua phalanx, sine ullo integritatis detrimento, ad solidioris vitæ translata est gloriam : & quæ expectari poterat & annorum elapsu rationis discretio, repentè nullis subjecta temporibus, omnis commutationis reperit finem, & casuum mutabilitates evasit.

LEÇON VI.

EVigilaverunt sensus, quos sopor infantiæ opprimebat : in momento assecuti sunt, quæ pacificis & mundo corde debetur, beatitudinem ; ita ut in ordine Sanctorum protomartyres primum habeant locum, & clementiam Dei pro nostris exorent laboribus, quos usque hodie funestus Herodes persequitur. Hi itaque à cunabilis in cœlum translati, facti sunt superni capitolii senatores & judices, assistuntque miserationibus & ultionibus divinis : sed sæpiùs Agni, quem quòcumque ierit prosequuntur, mansuetudine, quàm irâ, utuntur. Hi cruore lacteo loti, primitas baptismi martyrio consecrârunt, tradentes posteris, ubi necessitatis articulus excluserit moram, non minùs ad lavacrum animæ sanguinem efficacem, quàm sanctificatas verbis solemnibus aquas.

AU III. NOCTURNE.

Leçon VII.

Lectio sancti Evangelii secundùm Matthæum.
Chap. 2.

IN illo tempore , Herodes videns quoniam illusus esset à Magis, iratus est valdè ; & mittens occidit omnes pueros qui erant in Bethleem & in omnibus finibus ejus, à bimatu & infra, secundùm tempus quod exquisierat à Magis. Et reliqua.

Homilia sancti Augustini Episcopi.
Serm. 10. 3. dans le Rec. 72.

HOdie, Fratres carissimi, natalem illorum infantium colimus, quos ab Herode crudelissimo rege interfectos esse Evangelii textus eloquitur. Et ideò cum summa exultatione gaudeat terra cœlestium militum , & tantarum parens fœcunda virtutum. Ecce profanus hostis nunquam beatis parvulis tantum prodesse potuisset obsequio , quantum profuit odio. Nam, sicut sacratissimum præsentis diei Festum manifestat quantum in beatos parvulos iniquitas abundavit, tantum in eis gratia benedictionis refudit. Beata es , ô Bethleem , terra Juda , quæ Herodis regis immanitatem in puerorum extinctione perpessa es , quæ sub uno tempore candidatam plebem imbellis infantiæ Deo offerre meruisti. Dignè tamen natalem illorum colimus, quos beatiùs æternæ vitæ mundus edidit , quàm quos maternorum viscerum partus effudit ; siquidem antè vitæ perpetuæ adepti sunt dignitatem, quàm usuram præsentis acceperint.

LEÇON VIII.

ALiorum quidem pretiosa mors Martyrum laudem in confessione promeruit, horum in consummatione complacuit. Quia insipientis vitæ primordiis ipse eis occasus initium gloriæ dedit, qui præsentis terminum imposuit. Quos Herodis impietas lactentes matrum uberibus abstraxit, qui jure dicuntur Martyrum flores, quos in medio frigore infidelitatis exortos, velut primas erumpentes Ecclesiæ gemmas, quædam persecutionis pruina decoxit. Et ideò dignum est interfectis pro Christo infantibus honores impendere ; cæremonias, non dolores sacramentis dare ; vota, non lacrymas ; quia ipse illis fuit causa pœnæ, qui extitit & coronæ ; ipse odium causæ, qui præmium.

IX. LEÇON, de l'Homélie sur l'Evangile du Dimanche entre la Circoncision & l'Epiphanie, ou de S. Rigobert.

A LAUDES, aux Heures & à la MESSE, comme au jour des saints Innocens, avec mémoire de S. Rigobert. A Laudes, Cantique du Pseautier pour les Fêtes.

AUX II. VESPRES.

Ant. HErodes iratus occidit multos pueros in Bethleem Judæ civitate David.

Ant. A bimatu & infra, occidit multos pueros Herodes propter Dominum.

Ant. Vox in Rama audita est, ploratus & ululatus ; Rachel plorans filios suos.

Ant. Sub altare Dei clamabant : Vindica sanguinem nostrum, Deus noster.

Ant. Cantabant quafi canticum novum ante fedem Dei & Agni, & refonabat terra in voces eorum.

CAPITULE. *Apoc.* 14.

HI empti funt ex hominibus primitiæ Deo & Agno ; & in ore eorum non eft inventum mendacium : fine macula enim funt ante thronum Dei.

L'Hymne & le refte comme aux II. Vêpres de la Fête. Mémoire de S. Siméon Stylite Anacorète.

A COMPLIES, *comme hier.*

F I N.

P E R M I S S I O N
de Monfeigneur l'Archevêque.

CHRISTOPHORUS DE BEAUMONT, miferatione divinâ & Sanctæ Sedis Apoftolicæ gratiâ Archiepifcopus Parifienfis, Dux fancti Clodoaldi, Par Franciæ, Regii Ordinis fancti Spiritûs Commendator, &c. fuprà exaratum Cathedræ fancti Petri Officium in Parochiali Ecclefia SS. Innocentium Parifiis celebrari ac decantari permittimus. Datum in Caftro noftro de Corfluentibus, anno Domini millefimo feptingentefimo quinquagefimo-quinto, die verò menfis Novembris vigefimâ-octavâ.

† CHR. Arch. Parifienfis.
De mandato Illuftriffimi & Reverendiffimi Domini Domini mei Archiepifcopi Parifienfis. DE LA TOUCHE.